虚像のロシア革命

後付け理論で繕った唯物史観の正体

渡辺惣樹
Watanabe Soki

徳間書店

はじめに

ロシア革命が生んだ二人の怪物：レーニンとスターリン

ロシア革命は1917年に2度にわたって起きた事件（3月革命、11月革命、注：ロシア暦では2月革命、10月革命だが本書はグレゴリオ暦による）である。皇帝ニコライ二世を批判するものはシベリアに送られたが、殺されはしなかった。刑を終えたものあるいは流刑先から脱出に成功したものは国内に留まるものもいたが、その多くが外国に逃げた。中でも中立国スイスは人気の逃亡先だった。1914年8月、第一次世界大戦が始まると、共産主義者の動きを監視する各国のスパイもスイスにやってきた。特にチューリヒは監視するものとされるものが鬩《せめ》ぎ合う諜報戦の主要地となった。

監視される男の一人にウラジーミル・ウリヤノフがいた。後のレーニンである。彼は第一次世界大戦を、資本主義体制が不可避的に惹起《じゃっき》する帝国主義戦争だと定義づけた。この戦いを経て、プロレタリア階級が（暴力革命を通じて）共産主義国家を樹立すると考えた。そうなれば労働者階級による理想世界（搾取のない世界）を築ける。そのためにはヨーロッパ諸国の労働者が団結しなくてはならない。それが彼の主張だった。

レーニンは、母国に残る、あるいはヨーロッパ各国で活動する同志に向けて日々論文を書き続け、彼らの活動を鼓舞した。彼の論考はチューリヒから密かに運び出され、各地のボルシェビキ機関紙に発表された。それが非合法活動を続ける同志の「心の糧《かて》」となった。

ドイツは彼の動向を監視していた。その主張が危険であることをわかっていた。そうでありながら、3月革命が起きロマノフ王朝が倒れると、ドイツはレーニン一行に自国内の鉄道（封印列車）の便宜を図り、彼のロシア帰国を幇助《ほうじょ》した。スウェーデン・フィンランド経由でペトログラード（現サンクトペテルブルク：第一次世界大戦時ドイツ風のサンクトペテルブルクが嫌われペトログラードに改名された）に帰国させた。彼らの活動資金もふんだんに融通した。レーニンは対独戦争中止を訴えていた。そのレーニンを帰国させることで、ロシアと講和できるかもしれないと期待した。淡い望みだったがドイツはレーニンに賭けた。東部戦線での休戦がなれば、同方面に張り付けた軍を西部戦線に振り向けられる。

フィンランド駅に降り立つレーニン：1917年4月16日（プロパガンダ絵）

3月革命でニコライ二世は退位した（3月15日）。レーニンが、皇帝の消えたペトログラードに戻ったのは１９１７年4月16日夜のことであった。多数の同志がフィンランド駅で彼を迎えた。

上の絵は、この夜の模様を画家M・G・ソコロフが想像で描いたものである。歓迎者の目のすべてがレーニンに注がれている。こちら（絵の鑑賞者）に顔を向けているのは帽子を振って歓迎に応えるレーニンだが、もう一人髭づらの男が彼の後ろに不自然に立っている。ヨシフ・スターリンである。彼がこの列車に乗っているはずもなかった。スターリンは、銀行強盗で組織の活動資金を調達し、労働争議で国内騒乱を煽《あお》った。彼はロシア国内に残って活動していたボルシェビキだった。

この頃は、ボルシェビキのほとんどが、3月革命で成立したメンシェビキ、エスエル（社会革命党）あるいは立憲民主党メンバーで構成された暫定政府（1917年3月12日成立）に協力すべきだと考えていた。暫定政府との一切の協力を否定するレーニンの考えを理解するものはほとんどいなかった。スターリンもレーニンの主張には懐疑的だった。そうでありながら、帰国列車に同乗し、かつレーニンより高い位置に立ち、満足そうな笑みを浮かべている。

帰国したレーニンは、11月革命を成功させ、アレキサンドル・ケレンスキー（臨時政府首相）から権力を奪取した。さらには旧ロシア軍（白軍）との戦いに勝利し、ボルシェビキ独裁体制を盤石にした。ソビエト連邦（ロシア・ソビエト連邦社会主義共和国）はこうして誕生したのだった（11月9日）。

最高権力を手中にしたレーニンが、心臓発作を起こし右半身の自由を失ったのは1922年5月25日のことである。この年の暮れにはレーニンは死を意識し、遺言を口述筆記させた（12月24日）。悩みは後継人事だった。レフ・トロツキーの能力を認めていたが「能力が勝ちすぎている」と一抹の不安があった。切れすぎる男への嫉妬だったのだろう。彼の交渉力がなければ、11月革命の成功はなかったし、対独戦争を止めることもできなかった。トロツキーの実務能力の高さは誰もが認めていたのである。

一方、この年の4月から書記長となっていたスターリンには、無制限の権力を求める悪癖があった（＊1）。年が明けると、スターリンを排除せよと遺言に加筆させたのはそれが理由だった（1923年1月4日）。

「スターリンは冷酷にすぎる。この性格は（一般の）共産主義者としては許容できるが、書記長としては受け入れがたい。同志諸君には、彼を書記長から外すことを考えてほしい」（＊2）

24年1月21日、レーニンは死んだ。スターリンにとって、死人の言葉（遺言）などないに等しかった。自身こそがレーニンの後を継ぐべき正統な人間であることをアピールし神格化すれば事足りた。書記長としての権限を握っているだけに難しい作業ではなかった。9頁の絵を描かせたのはその一環だった。この絵はサブリミナル手法（深層心理の刺激）を使ったおとなしい心理手法だが、時の経過とともにプロパガンダは露骨になった。

その後のスターリンの内政外交の「成功」についてはここに改めて書く必要もない。想像を絶する数の農民を餓死させながら農業集団化を成功させた。さらにはベルサイユ条約で世界の孤児となったドイツと手を握り、工業化を進めた。１９３３年には米国（フランクリン・ルーズベルト大統領〈ＦＤＲ〉）に国家承認させることに成功すると、大量の留学生をアメリカに送り込み最先端科学技術を盗ませた。30年代後半にはソビエトは工業先進国としての姿を現すが、ＦＤＲの親ソビエト政策を利用した産業スパイ行為の成果であった。

怪物の産婆役：ウッドロー・ウィルソン

ソビエトは第二次世界大戦では、開戦期にはナチスドイツの同盟国であり（独ソ不可侵条約）、両国で仲良くポーランド領土を二分割していた。しかし、１９４１年6月22日を境にして敵対した。この日ナチスドイツは、不可侵条約を破りソビエトに侵攻を開始した。ヒトラーは『我が闘争』に書いていたように、東方生存圏（Lebensraum im Osten）の拡大を主張していた。ついに念願の行動（独ソ戦）を起こしたのだった。

ソビエトはドイツと同じ穴のムジナであったが、ヒトラー憎しに固執したチャーチルとFDRがドイツの敵となったソビエトに味方した。英国内でも米国内でも、なぜスターリンのソビエトを支援すべきかの議論はなかった。チャーチルとFDRが、ドイツの敵は味方という単純な思考でソビエトを連合国の一員とした。戦後に書かれた歴史書（特に高校教科書）でも、この異常な英米の決定に疑問を投げかける記述はない。同じ穴のムジナの両国が戦いを始めたからといって、米英両国がスターリンに協力する理由はなかったはずであった。いずれにせよ、これでスターリンは救われた。

ソビエトは、国際連合ではまんまと拒否権を持つ安全保障理事会の常任理事国となった。ルーズベルト政権に忍び込ませたスパイのアルジャー・ヒス（国務省高官）が国連創設の中心人物であり、彼はソビエトが有利な立場をとれる仕組みを用意していた。戦後は世界各地に共産主義国家を作り上げた。こうしてソビエトは米国との冷戦を戦う共産国家陣営のリーダーとなった。冷戦が終わったのは1989年12月のことである（マルタ会談〈ジョージ・ブッシュ大統領、ミハイル・ゴルバチェフ書記長〉）。

レーニンの夢想した労働者独裁体制なるユートピアがいかに残酷なものだったか、スターリンが自己神格化を図る過程で進めたレッド・パージがどれほど酷《むご》いものであったか。それをここであらためて語る必要もない。

共産主義思想の両巨頭（レーニン、スターリン）の虚像あるいは共産主義思想そのものの破綻についてはすでに多くの書が存在する。筆者が本書で明らかにしようとするのはソビエトの産婆役になった男たちについてである。いまでは、共産主義（ボルシェビキ思想）の登場はあたかも歴史の必然のように考えられ、そう教えられている。しかし、当時の記録をみれば、ボルシェビキがロシアの全権力を掌握するなどと誰も考えなかった。

暫定政権首相ケレンスキーは、ボルシェビキとの闘争に敗れると米国に亡命し、1970年6月、ニューヨーク市で死んだ。亡くなる少し前、英国の放送局がインタビューした。第八章で詳述するが、1917年の3月革命から11月革命までのおよそ半年の間、ケレンスキー政権が本気になれば、レーニンもトロツキーも拘束し処刑することもできた。それを知っていたインタビュアーはなぜそうしなかったかを問うた。

「僕（ケレンスキー）は彼（レーニン）など（マイナーな存在で）まともに相手にするような人物だとは考えていなかった」（＊3）

ケレンスキーだけでなく当時のロシア政界の実力者の誰もが同じように考えていた。そうでありながら、11月革命でボルシェビキがロシア革命の主役に躍り出たのはなぜなのか。けっして共産主義思想家が説《と》くような歴史の必然でそうなったのではない。その理由は、この年4月にヨーロッパの戦いへの参戦を決めた米国大統領ウッドロー・ウィルソンの愚かな外交にあった。

オーソドックスな歴史書ではウィルソンを国際連盟の生みの親として描く。長老派クリスチャンの彼は「恒久的世界平和の実現」という理想を掲げヨーロッパの戦いに参戦した。つまり「戦争を止めるための戦争」に勝った「英雄」である。しかし、その一方で、共産主義国家ソビエトの産婆役にもなっていた。彼の外交の愚かさと残酷な歴史のアイロニー。それが本書のテーマである。

ウィルソンの愚かさを描く過程で、もう一人愚かな政治家の姿が浮かぶ。ウィンストン・チャーチルである。英国の対独宣戦布告は、チャーチルが画策した。当時のアスキス内閣の閣僚の過半数が、大陸紛争非介入の立場であった。チャーチル（海軍大臣）は、その閣論を他の対独強硬派（少数派）と協力して覆した。チャーチルという特異なそして化粧まみれの政治家の生い立ちについては拙著『英国の闇チャーチル：世界大戦を引き起こした男』（ビジネス社、２０２０年）で詳述した。

筆者は、ウィルソンとチャーチルの愚かな外交がなければ、ロシア革命はあり得なかったと考える。唯物史観は人間社会の最高の発展段階が共産主義社会と説く。しかしそれは「偶然の産物」に過ぎなかった。けっして歴史の発展の必然として出来上がった代物ではない。この2点が本書のテーマである。

注：グレゴリオ暦はロシア暦より13日遅れる。

＊１：Arthur Herman, 1917: *Lenin, Wilson and the Birth of the New World Disorder*, Harper Collins, 2017, p415
＊２：同右、P416
＊３：同右、P419
3頁　写真：GRANGER.COM／アフロ

目次

第八章　ケレンスキーの愚かさとボルシェビキ革命

第一章　第一次世界大戦勃発

第一節　ニコライ二世と皇后アレキサンドラ
その１：不吉な戴冠

１９１６年12月26日、サミュエル・ホーアは、ペトログラード（現サンクトペテルブルク）の英大使館からＭＩ６（英国秘密情報部）本部（ロンドン）に報告書を打電した。ホーアは、対独戦争において英仏両軍が進める西部戦線、ロシアの進める東部戦線での動きを連携させる任務を帯びてロシアの首都ペトログラードに赴任した工作員であった。ロシア政府の動きの監視に加え世論工作も彼の任務だった。ロシア国民のドイツ憎しの感情を煽り、対独戦争の士気を高める。ロシアを対独戦争から絶対に離脱させない。それがホーアの任務だった。

１９１４年8月から始まった戦い（第一次世界大戦）はすでに2年半になろうとしていた。しかし、西部戦線では、両軍がそれぞれアリの巣のような塹壕を築き、膠着《こうちゃく》状態が続いていた。塹壕戦は、守備側を圧倒的に有利にした。攻撃する側はどれほどの大攻勢をかけても突破口を得られないまま押し戻された。しかし、東部戦線ではドイツ軍はロシア軍との戦いを優勢に進めていた。ロシアの対独単独講和の可能性も現実味を帯びていた。

そうなれば、東部戦線に張り付いていたドイツ軍は西部戦線の補強にやってくる。西部戦線の膠着が一気に崩れ、パリもドイツ軍に攻略される。

１９１６年12月になると、実際、ペトログラード市民の間で厭戦《えんせん》気分が広がっていた。ドイツ憎しの感情は高いままだったが、食料不足が深刻だった。飢えが市民の反ドイツ感情を冷やしていた。ホーアはロマノフ王朝下の危ない首都の模様をロンドンに伝えた。

「ロシア国民のほとんどがドイツとの講和を望んでいると考えたほうがよい。国民は飢えており、（東部戦線での）ロシア軍の損害は大きい。兵站《へいたん》は伸びきり、政府組織の混乱で国民の政府への不信は限界に達している。（中略）ロシアはこの冬を乗り切れないのではないか」（＊1）

ホーアは、首都ペトログラードが血の日曜日事件（１９０５年1月22日）以上に混乱することを恐れた。そうなれば内治は混乱し、ロシアは対独戦争から確実に脱落する。西部戦線の危うい戦力の均衡が崩れるのである。

ペトログラードに勤務するホーアらの英国外交関係者には、食糧危機だけでなくもう一つに気になることがあった。ロシア国民のアレキサンドラ皇后への強い反感である。皇后の母は、英国ビクトリア女王の次女アリスであり、父はドイツ貴族ルートヴィヒ四世（ヘッセン大公）だった。要するにロシア国民の「国母」の父は敵国人だったのである。ロシア皇帝ニコライ二世は、１９１５年以来、自ら陸軍指揮の先頭に立っていた。軍司令部のあるマヒリョウ（Mogilev：現ベラルーシ）に陣取ることが多くなった皇帝は、内治をアレキサンドラ皇后に委ねることが増えた。この頃のロシアにはドゥーマ（Duma）と呼ばれる議会があったが、皇帝はこの組織に実権を与えておらず、貴族や地主階層を中心とした王室の諮問機関のような存在だった。したがって、皇帝が首都を留守にすると、最高権力は皇后アレキサンドラに移ったのである。

ニコライ二世が、アレキサンドラに初めて会ったのは皇太子時代の1884年のことである。叔父がアレキサンドラの姉エリザベータを娶《めと》った宴の席であった。ニコライ16歳、アレキサンドラ12歳の時である。ニコライは、彼女といつか結婚するとかなり早い段階で決めていたようだ。しかし、結婚には宗教上の障害があった。彼女は敬虔《けいけん》なプロテスタント（ルター派）であり、ニコライと結婚すれば、ロシア正教に宗旨替えしなくてはならなかった。それが理由で父親アレキサンドル三世も彼女との結婚には否定的だった。ニコライは、機が熟すまで父とは対立しないと決めた。

父の了解を得るまではアレキサンドラに代わる恋の対象が必要であった。それがマチルダ・クシェシンスカヤだった。ニコライがマチルダを初めて見たのは、1890年のことである。彼女は王室バレエ学校（Imperial Ballet School）をこの年卒業した。卒業記念公演で踊る彼女にニコライは心を奪われた。チャイコフスキー（1840～1893）もほれ込むほどだったから、魅力ある女性であったに違いない。ニコライは、その後も頻繁に彼女の舞台を観劇した。

マチルダ・クシェシンスカヤ（1872～1971）

1892年3月、ニコライは初めて彼女の家を訪れた。マチルダは、その晩は夜更けまで二人で過ごしたが、求められたセックスを拒んだと書き残している。彼女がそれを許したのはニコライが数日後に再び訪れた時であったらしい（＊2）。
1894年4月、ニコライはようや

くアレキサンドラにプロポーズした。マチルダとの関係は（少なくとも表面上は）うまく清算したらしい。彼女はその後有力皇族の一人セルゲイ・ミハイロヴィチの愛人を経て、アレキサンドル二世の孫アンドレイ・ウラジーミロヴィチ（大公）の妻に収まった。

ニコライの父アレキサンドル三世は、息子がアレキサンドラと結婚することに不安があったが、結婚後も帝王教育をじっくり施せばなんとかなるだろうと考えたようであった。自身が若いだけに、その時間は十分にある。二人の結婚に何らかの問題が生じても、その矯正は容易にできると考えた。ところが、皇帝はこの年の9月、腎炎を発症し亡くなった（11月1日）。49歳の早すぎる死だった。ニコライはこうして帝王教育を受ける間もなく帝位（ニコライ二世）に就くことになった。まだ26歳であった。

ニコライ二世は、アレキサンドラとの結婚を喪が明けるまで待てなかった。早くも11月26日には皇后に立てた。戴冠式は１８９６年5月26日と決め、ロシア皇室は世界の首脳に招待状を送った。日本は伏見宮貞愛親王《ふしみのみやさだなる》（天皇名代）の派遣を決めた。殿下が横浜を発ったのは96年3月8日のことである（＊３）。

戴冠式は、クレムリンにあるウスペンスキー大聖堂（モスクワ）で挙行された。この４日後（30日）、皇帝はコディンカ広場（Khodynka Field）を市民に開放し、喜びを分かち

コディンカ広場に集まったモスクワ市民：ウラジミール・マコフスキ画（1899年作）

合う宴を催した。

　市民には、無料のパン、ソーセージ、ジンジャーブレッド、お菓子とナッツの詰め合わせに加え、記念のマグカップ（アルミ製）も用意された（＊４）。即席に建てられたパブも20か所が用意され、ビールは飲み放題で振るまわれることになっていた。前日から集まり始めた市民の数は50万人にも上った。ところが警備の警官はわずか１８００人であった（＊５）から安全な誘導が困難だった。

　案の定、「用意の食料や記念品はもうすぐなくなる」と誰かが口にするとたちまちパニックが起きた。人々は、

コディンカ広場の惨劇（1896年５月30日）

我先にと配給所やパブに殺到した。警官はなすすべもなく立ちすくんだ。広場に落ち着きが戻ると、踏みつけられて息絶えた市民およそ２０００が横たわっていた（＊６）。

＊１：Catherine Merridale, *Lenin on the Train*, Henry Holt, 2017, p43

＊２：The last Tsar's lover, Will Stewart, Daily Mail, March 22, 2017

＊３：明治29年陸軍省第四号壱第九九六号 送乙第八一

三号

＊4：Nicholas Kotar,The Coronation of Nicholas II: Triumph and Tragedy, May 26 2017
https://nicholaskotar.com/2017/05/26/coronation-nicholas-ii-triumph-tragedy/

＊5、6：Coronation of the Russian Tsar Nicholas II: Prophetic Khodynka Field Tragedy
https://todiscoverrussia.com/coronation-of-the-russian-tsar-nicholas-ii-prophetic-khodynka-field-tragedy/

23頁　提供：ALBUM／アフロ

24頁　提供：Bridgeman Images／アフロ

第二節　ニコライ二世と皇后アレキサンドラ
その2：穏健な改革運動と血の日曜日事件

ニコライ二世は、惨劇の報にもかかわらず予定の式典を続行した。その後も、主催責任者のセルゲイ・アレキサンドロヴィチ皇子の責任を問わず栄転させた。現場への弔問もなかった。それが市民の不興を買った。人々は、「彼の御代の始まりに起きたこの事件は、後に祟《たた》りを起こすだろう」（＊1）と噂《うわさ》した。

一方で、ロシア外務省は戴冠式を利用した「皇室外交」に忙しかった。当時のロシアは、クリミア戦争（1853〜1856）敗北以来、西方への進出を断念し、その目を東に向けていた。シベリア鉄道の敷設を決め、満州あるいは朝鮮半島方面の利権を求めた。

アレクセイ・ロバノフ外相が、清国使節李鴻章《りこうしょう》と対日攻守同盟（露清密約）を結んだのは、コディンカ広場の惨劇の4日後（6月3日）のことである。ロシアはこの密約で、清国との相互軍事協力、満州内鉄道敷設権（東支鉄道）、ロシア海軍の清国港湾使用権（日露戦になった場合の措置）を確保した。ロシアはこの頃から日本との戦いを覚悟していた。

この前年、李鴻章は屈辱の下関条約（日清戦争敗北）に署名していた（1895年4月17日）。下関では、暴漢（小山豊太郎《こやまとよたろう》）の放った銃弾で危うく命まで落としかけた（3月24日：李鴻章狙撃事件）。条約では、遼東半島の日本への割譲を許したものの、ロシアが中心となった三国干渉で同地は清国に還付された。この干渉のあることをあらかじめ知っていたからこそ、李鴻章は下関条約に署名したと言われている。いずれにせよ彼にはロシアへの恩義があった。モスクワ訪問はその「御礼」の意味もあった。露清密約は典型的な秘密外交であり、ワシントン会議（1922年）で清国代表が暴露するまでは知られていなかった。李鴻章は、50万ルーブルの私的賄賂まで受けていた。

　朝鮮王朝は日清戦争で清国が敗れたため、頼る国を宗主国だった清国からロシアに切り替えた。96年2月から高宗《こうそう》はロシア公使館に移り、そこで政務を執った（露館播遷《ろかんはせん》）。そうした状況の中で、伏見宮貞愛親王に同伴した山縣有朋《やまがたありとも》（特命全権大使）は朝鮮半島での衝突を避けようと知恵を出した。満州・朝鮮半島で勢力圏を相互に確認し合うというアイデアだった。それが山縣とロシア外務大臣アレクセイ・ロバノフとの間に結ばれた協定（山縣・ロバノフ協定〈6月9日〉）だった（＊2）。

　ロシアは、日本から返還させた遼東半島先端の二つの良港（旅順、大連）を租借した

（1898年3月：旅順・大連租借条約）。二枚舌外交で日本との宥和の姿勢を見せたのは、旅順要塞化の時間稼ぎだったのであろう。

1900年、北京の在外公館が清国軍に包囲される事件（義和団事件、北清事変とも）が起きた。事件解決後に清国の賠償を命じる北京議定書（1901年9月）が結ばれると出兵した列強は軍を引き揚げたが、ロシアだけは兵を満州に残したため、同地はロシア領土の如き様相となった。

1903年、ニコライ二世は、エヴゲニィ・アレキセーエフ（海軍大将）を極東方面総督に指名した。アレキセーエフは、朝鮮半島の支配までも可能であると考えるほどにロシア覇権拡大に熱心な男だった。その彼に、ニコライ二世は、外交交渉権を与えた。ロシア極東外交は「いけいけムード」一色となり日本への配慮は消えた。

日露の緊張にさらなる油を注いだのは、怪しい実業家アレクサンドル・ベゾブラーゾフだった。彼は鴨緑江（満州と朝鮮国境）沿岸の木材伐採権を朝鮮から得ると（1898年）、同川沿いのインフラ整備をアレキセーエフとともに進めた。日本を刺激したくなかったセルゲイ・ウィッテ蔵相は、皇帝を説得し同事業を停止するよう説得した（1903年3月）（＊3）。しかし、時すでに遅かった。アレキセーエフとベゾブラーゾフの動きを見た日本は対露戦争は避けられないと覚悟するのである（京都無鄰菴《むりんあん》会議：1903年4月21日）（＊4）。

1904年1月、日本は、満州をロシアの、朝鮮を日本の勢力圏と認め合うことで対立を回避する妥協案（満韓交換）を出した。当時東京にいたアレキセーエフは、「日本の態度ははったり（ブラフ）である（日本には戦う気はない）」と本国に打電した（＊5）。対日強硬派のヴャチェスラフ・プレーヴェ内相は、「（万一戦争になっても）日本に勝つのは簡単でそのほうが（国民の愛国心の昂揚が期待でき）むしろ内治に有利になる（＊6）」と対日戦争を歓迎するありさまだった。

日露の戦いを歓迎したヴャチェスラフ・プレーヴェ内相（1846～1904）

1904年2月8日夜、日本海軍の旅順港攻撃で日露の戦いの火ぶたが切られた（2月4日、御前会議により対露会戦決定）。日本は同港の完全封鎖には失敗したが、ロシア海軍の機動力を大きく削ぐことには成功した。要塞化の進んでいた旅順そのものの攻略に日本陸軍（第三軍：乃木希典将軍）は多大な犠牲を払うことになったが、年が明けた05年1月5日開城（水師営《すいしえい》の会見）となった。日本陸軍は鴨緑江《おうりょくこう》会戦（１９０４年４月30日〜５月１日）の勝利を手始めに有利に戦いを進め満州を北進した。

日本との戦いが思っていたほど容易ではないことにロシア国民はすぐに気づいた。特に都市部の住民はそれに敏感であった。１９０４年７月28日、プレーヴェ内相が、社会主義者によって爆殺される事件が起きた（＊７）。各地で彼の死を喜ぶ市民の姿が見られたことからわかるように、ロシアは戦いの劣勢と内治混乱の二重苦に陥った。

ニコライ二世は、プレーヴェ内相の後任に穏健改革派ピョートル・スヴャトポルク・ミルスキーを充てた。彼は、国民の声を代表させる機関の設置を皇帝が認めない限り、内治の安定はないと意見した。当初はいかなる妥協案も拒否していたニコライ二世だったが、11月に入ると軟化し、スヴャトポルク・ミルスキーに改革提案書作成を指示した。スヴャトポルク・ミルスキーは、「改革の基本は立憲君主制への移行であり、とりわけ国民議会（デュマ）の設置が重要である」と具申した。しかし、王権は神から与えられた聖なる権利と信じて疑わないニコライ二世には、とても受け入れられない提案だった（＊８）。

この頃の国民の多くは、コディンカ広場の惨劇や日露戦争での劣勢はあったとはいえ、皇帝を慕う意識を持っていた。モスクワ管区の秘密警察長官セルゲイ・ズバトフ（任期：1901～03年）が、穏健な治安を心がけていたこともあって、国民のそうした意識の醸成に一役かっていた。彼は、親政府（皇帝）の立場をとるという条件付きで労働組合の結成も許した。03年8月、ズバトフはプレーヴェ内相によって解任されたが、彼の奨励で生まれた複数の組織が、政治改革を求める穏健勢力に育っていた。

その一つが、ロシア正教会神父ゲオルギ・ガポンが指導する組織だった。ペトログラード周辺の工場労働者およそ3万がメンバーであった。ガポンは、帝国の混乱の責任は皇帝周辺の「君側の奸」にあると考えた。メンバーの知識人や実業家らと協議を重ね、「日露戦で次の敗北がある時期を捉えて皇帝に内政改革を直訴する」という計画を練った。

1904年12月末、ペトログラードのプチーロフ大型機械・列車製作所（Putilov Plant）で4人の工員が解雇された。勤務態度不良が原因の正当な解雇であったようだが、それとはもはや無関係に不穏な空気が広まった。。年が明けた05年1月第3週には、同工場従業員1万2500人がストライキに入ると、「同情」ストライキが周辺の工場に広がった。その規模はたちまち380工場14万人にまで膨れ上がった（＊9）。

ガポン神父はこれを皇帝に直訴する好機と考えた。1月5日には旅順が陥落（水師営の会見）していたことも神父の脳裏にあった。1月21日朝、彼を先頭にした市民の行進が始まった。神父は訴状の内容をあらかじめ政府（内務省）に伝えていた。皇帝を称える言葉をちりばめながら、慇懃《いんぎん》な表現で労働環境の改善を求める穏やかな抗議だった。日露戦争の休戦を求める項目もあった（＊10）。神父は、市民には、「一張羅の服を着て、ロシア正教の法具（キリスト画など）を持参せよ」と指導した。酒気を帯びての参加は厳禁であった（＊11）。

＊1：Coronation of the Russian h Tsar Nicholas II: Prophetic Khodynka Field Tragedy
＊2：同協定の全文はアジア歴史資料センター（国立公文書館）ＨＰで確認できる。
https://www.jacar.go.jp/nichiro/18960609.htm
＊3：Frank Jacob, The Russo-Japanese War and the Decline of the Russian Image, CUNY Academic Works, 2015
＊4：京都にある無鄰菴（山縣有朋別荘）に山縣有朋、伊藤博文、桂太郎、小村寿太郎が集まり対露戦争やむなしを決断した会議。
＊5、6：Philipp Blom, *The Vertigo Years*, McClelland & Stewart, 2008, p134

＊7：同右、p136
＊8：同右、p137
＊9：同右、p140
＊10：Bloody Sunday 1905
https://www.learning-history.com/bloody-sunday-massacre-st-petersburg/
＊11：*The Vertigo Years*,p140

第三節　ニコライ二世と皇后アレキサンドラ
その3：血の日曜日事件と日露戦争敗北

ロシアでは、庶民が皇帝に直訴することは伝統的に認められていた（＊1）。だからこそ皇帝礼賛の歌を口ずさんで整然と行進するデモ隊を警備の警官も兵士も静観したのだった。しかし、皇帝は、デモ隊が目指すペトログラード市内のウィンターパレス（冬の宮殿）にはいなかった。郊外のツァールスコエ・セロー宮殿（同市24キロメートル南）に移っていた。側近の高官の中には、ニコライ二世にウィンターパレスに陣取り請願を聞くべきだと建言したものもいたらしいが、皇帝は21日朝にはツァールスコエ・セロー宮殿に移動していた（＊2）。

直訴が空振りに終わったガポン神父は翌日もウィンターパレスへ向かうと決めた。およそ13万5０００人が直訴状に署名していた。彼は皇帝がウィンターパレスに現れてくれると期待した。

「我々は皇帝になんとしても会う。彼が人民を愛してくれているのであれば、我々の訴え

を聞いてくれるはずだ」（＊3）

この日の行進も整然としたものだった。参加者の数ははっきりしないが、警察は３００0人、主催者は5万人としている。近衛兵やコサック騎兵およそ1万人がウィンターパレス周辺の警備についていた。軍には宮殿にデモ隊を近づけるなとの命令が下っていた。そんな状況の中で、デモ隊の一部が、トロイツキイ橋（Troitskii Bridge）付近に差し掛かると、コサック騎兵の一人が突然にサーベルを抜いた。現場にいた作家マクシム・ゴーリキーはその模様を次のように書いている。

「サーベルを抜いたコサック騎兵は、女のような甲高い声を発して、一人の男を切りつけた。馬上からサーベルで男の顔の目元から顎にかけて一太刀を浴びせた」（＊4）

これに続いて銃声が響いた。デモは大混乱に陥った。ナルヴァ凱旋門付近にいたガポン神父の一隊も襲われおよそ40人が死んだ。この日の死者の総数は不明だが、１０００人程度の死傷者が出たようだ。ガポン神父はゴーリキーのアパートに逃げ込み難を逃れた。

後に描かれたデモ隊に襲い掛かるコサック騎兵

この夜、ガポン神父は、自由経済協会（Free Economic Society）の集会にゴーリキーとともに現れた。彼は皇帝への憤りを爆発させた。

「平和的請願は失敗した。これからは違う手段を考える。無辜《むこ》の民の血を流した皇帝に呪いをかける」

こう語ると身の危険を感じた神父はフィンランドに逃げた。その後チューリヒに移った神父はレーニンと会った（＊5）。血の日曜日事件は、ロシア国民の皇室への敬愛の気持ちを萎《な》えさせた。権威への抵抗が日常化しストライキが頻発した。大学キャンパスは、革命思想の培養器となった。内治の混乱はこうして始まった。1906年初めまでの1年間で、貴族の邸およそ3000が襲われた（＊6）。

ここまできてニコライ二世はようやく態度を軟化させた。しかし日本との戦いは続いていた。対日交渉は、セルゲイ・ウィッテ元蔵相に委ねた。皇帝は、極東外交で慎重な立場をとっていたウィッテを左遷していた。皇帝は煙たい存在だった彼にこんどはロシアの威厳を損なわない敗戦処理を託したのである。

ガポン神父（1870〜1906）

ウィッテは、皇帝の期待に応え、米国ポーツマス（ニューハンプシャー州）での対日講和交渉をまとめ上げた（ポーツマス条約調印：1905年9月4日〈米国時間〉）。現実の戦いでは確かに日本に敗北した。しかし、それを明示的に示すような「敗北的」講和条約にしてはならなかった。他のヨーロッパ列強に笑われない「栄誉ある収束」をウィッテは実現しなくてはならなかった。敗者の証となる賠償金支払いを断固として拒否したのはそれが理由だった。領土については樺太の南半分の割譲を許したが、日本軍が樺太全土を実質占領していたことを考えれば、たいしたことではなかった。南満州鉄道利権の譲渡や朝鮮半島を日本の勢力圏と認めたが、そうした譲歩はロシアの権威を「あからさまに」損ねはしなかった。

ウィッテの「活躍」を評価した皇帝が、内治に関わる彼の意見を聞いたのは、1905年10月22日のことである。ウィッテは、「国民の声を代表する議会（ドゥーマ：Duma）を新設し、立憲君主体制に移行すべきだ。そうしなければ、軍部さえも革命に走る恐れがある」と忠告した（＊7）。

実際、国内は混乱が続いていた。10月23日には、全国規模のストライキとなり鉄道も電気も止まった。10月30日、ニコライ二世は、アレキサンドル・ブルイギン内相を更迭した。たしかに彼は、改革は進めていた。しかし、ドゥーマの選挙権を貴族らに限定したため国民は納得していなかった。皇帝は、「10月マニフェスト（10月宣言）」を国民に示し、西洋民主主義国家の下院に近い権能をドゥーマに持たせると約束した。

＊1、2：Bloody Sunday 1905
＊3、4：*The Vertigo Years*, p141
＊5：同、p142
＊6：同、p144
＊7：同、p146
36頁　提供：Bridgeman Images／アフロ

第四節　極東からバルカン半島へ

ニコライ2世にとって、日露戦争の敗北は苦い経験となった。ウィッテの活躍で、体面を保てる条約（ポーツマス条約）を結べたが、内治は混乱し、皇帝の権威は落ちた。それでも、ドゥーマの開設で、なんとか国民の不満のガス抜きに成功した。

ここまでの記述では、「ロシアは後進国」のイメージがある。政治機構はロマノフ王朝による専制国家であり、西ヨーロッパ諸国に比べればたしかに後進国であった。しかし、工業化は西欧諸国に劣らないほどに進んでいた。ロシアへの投資は当初プロシアからが多かったが、1889年以降はフランスやベルギーからの投資も増えた。ウクライナ方面では鉄鋼業、モスクワでは紡績業、バクーでは石油産業が目覚ましく発展し、首都サンクトペテルブルクでも様々な製造業が近代化されていた。

先に書いたセルゲイ・ウィッテは1892年から1903年まで蔵相を務めた。彼は、積極的な外資導入を進める一方で、高関税政策をとり国内の幼稚産業を保護した。アメリカの手法に倣《なら》ったものだった。たしかに、ロシアビジネスの半分は外国資本にコントロールされてはいたが、1900年には鉄鋼生産は世界第4位、石油生産は世界第2位にまで成長していた。鉄道網の整備も進んでおり、1891年から敷設工事が始まったシベリア鉄道（全長5785マイル）は1904年に完成している。ロシアは経済の分野では一流国だった。

しかし、その工業化は政府主導であったため労働環境への配慮がなかった。労働争議が頻発し、中産階級の成長は遅れた。

血の日曜日事件の顛末《てんまつ》だけを見ると、ロシアには後進国のイメージがあるが、いびつではあるものの立派な工業国だった。ゆえにロシアは軍事強国であると恐れられ、ヨーロッパ列強は日露戦争におけるロシアの敗北（日本の勝利）に驚いたのだった。だからこそ、ニコライ二世はヨーロッパの大国としての体面維持に拘《こだわ》ったのだった。

日露戦争の敗北は極東方面への拡張を困難にした。その結果ロシアはその目を西（バルカン半島）に向けざるを得なくなった。ただ歴史的にみればロシアは、バルカン半島方面への拡張をいったん断念した経緯があった。同地への侵出を何度も試みたが、そのたびに、英仏独墺がそれを阻んだ。その結果シベリア・極東方面に目を向けたのであった。日露戦争の敗北で、その目を再び西に向けたものの、その困難さはいささかも変わっていなかった。

ロシアは18世紀末に黒海北岸まで進出した。しかし、黒海から地中海への進出ができなかった。二つの海をつなぐ隘路《あいろ》（ボスポラス海峡・ダーダネルス海峡）がトルコの支配下にあったからである。ヨーロッパとアジアの両大陸に楔《くさび》を打つようにマルマラ海が横たわる。広さは1万1350平方㎞（琵琶湖の約17倍）で東のボスポラス海峡で黒海に、西のダーダネルス海峡で地中海（エーゲ海）に通じる。ボスポラス海峡は全長およそ30㎞、幅は500mから2500m、ダーダネルス海峡は全長70㎞で幅は1200mから6500

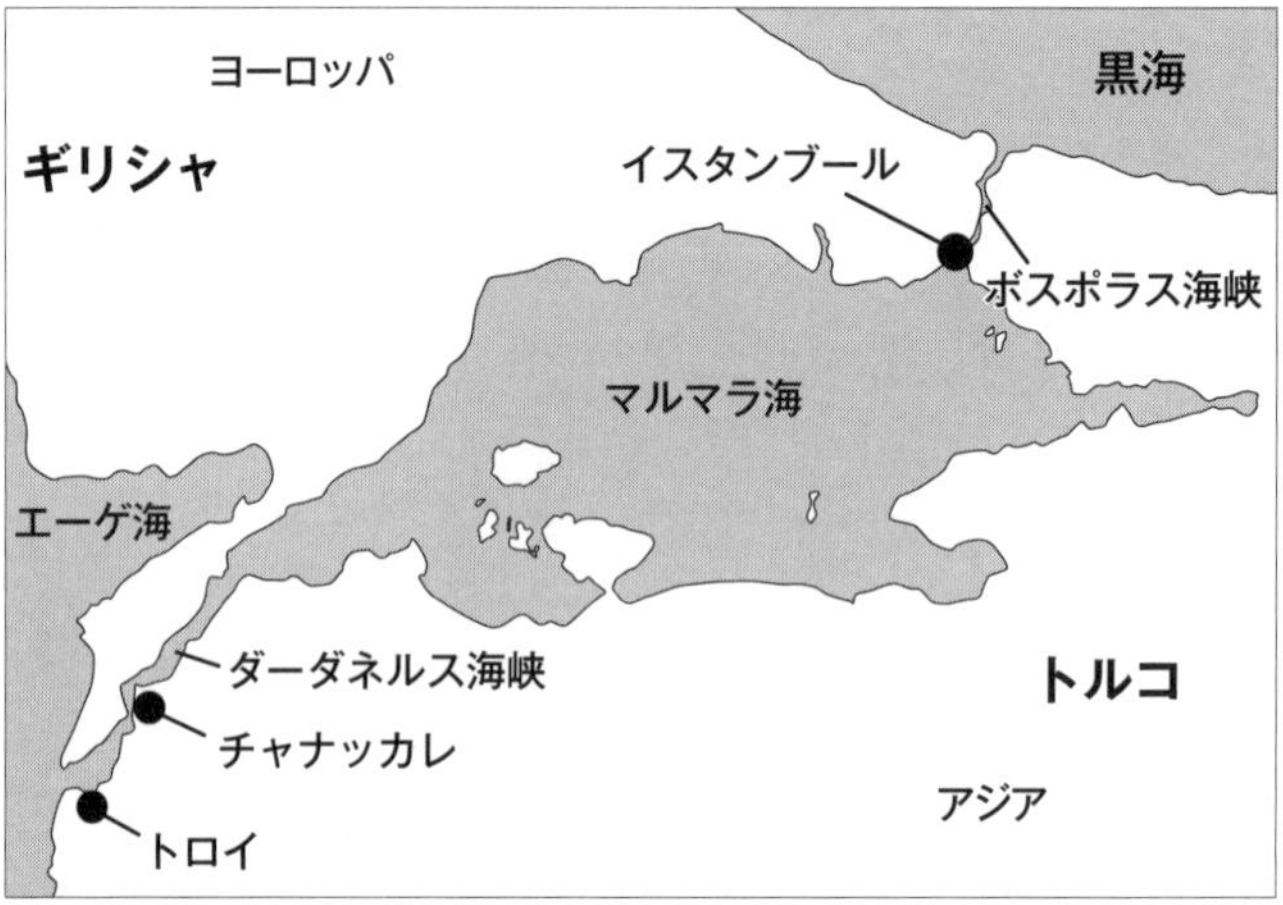

ロシアの地中海・大西洋方面進出のネックとなったボスポラス海峡・ダーダネルス海峡

mとどちらも狭い。この両岸をオットマン帝国（トルコ）が支配する。したがってロシアはトルコと友好関係を築くか、武力で両岸を占有しなければ、地中海に出ることはできなかった。ウクライナの農産物は重要な輸出資源だっただけに、地中海へのアクセスはロシアの経済発展のアキレス腱だった。歴代ロシア皇帝は対トルコ外交に腐心した。

ロシアとトルコは16世紀半ばから激しい衝突を繰り返してきたが、クリミア戦争（1853～1856）は最初の近代戦争だった。ロシアはバルカン半島に暮らすロシア正教徒の保護（スラブ民族）を名目にトルコに挑み、陸の戦いではモルダヴィア、ワラキアを占領した。その西にあるセルビアへの影響力も確保した。しかし、英仏がトルコに加担したことから、海の戦いで劣勢となった。クリミア半島西岸に構築した軍港セヴァストポリが落ちるとロシアの負け戦となった。モルダヴィア、ワラキア、セルビアは国際管理下に置かれ、ロシア軍艦は両海峡の通過が禁じられた（1856年パリ条約）。ロシア海軍は黒海に封じ込められた。

クリミア戦争後もバルカン半島に暮らすスラブ民族の反トルコ運動は止まなかった。同地には、ロシア正教徒が多かった。トルコはそうした異教徒を寛容に扱うことで安定を保ってきた。しかし、19世紀に入ると強圧的な統治に変わったことからスラブ民族は、ロシアを頼り、独立を望んだ。

1875年、ヘルツェゴビナの小作人がトルコ人官憲に反抗した。これがきっかけとなり反トルコ運動が半島全土に広がった。ブルガリア南西部の町バタクでトルコ官憲が殺される事件が起きるとトルコの激しい報復は、「バタクの虐殺」（犠牲者およそ5000人）となった（1876年4月）。ロシアからは、スラブ人同胞（little Slav brothers）救出を願う義勇兵がブルガリアに向かった。

こうした中で、反トルコ感情に燃えるセルビアとモンテネグロがトルコに宣戦布告すると、ロシアも参戦し（１８７７年4月24日）露土戦争となった。この戦いではトルコは英仏の支援を受けられなかった。キリスト教徒を虐殺するトルコを支援することを両国の世論が許さなかった。

トルコ一国では、ロシアに抵抗できなかった。１８７８年1月、防衛の要所アドリアノープル（バルカン半島南部、現トルコ・エディルネ）が落ちると大勢は決した。トルコは首都コンスタンチノープルを失うことを恐れ早々にサン・ステファノ条約（１８７８年３月３日）に署名した。

この条約は当然にロシアには有利だった。ロシアを盟主と仰ぐブルガリアに地中海（エーゲ海）沿岸を含む広大な領土を持たせることに成功した。これが大ブルガリ公国（次頁の地図の黒枠部分）となり、ロシアは同国経由で地中海（エーゲ海）へのアクセスを確保できる見込みがついた。

しかし、ロシアを警戒する英国とオーストリアからたちまち横やりが入った。この問題の解決にプロシア（ビスマルク）が仲介に立った。それがベルリン会議（１８７８年６～7月）である。西ヨーロッパ諸国（特に英国）の圧力で、大ブルガリア公国の領土は大きく削られ（グレー色部分に縮小）、さらにはセルビアの西に位置するボスニア、ヘルツェ

RUSSIA
Vienna
Budapest
AUSTRIA-HUNGARY
Trieste
BOSNIA
HERZEGOVINA
Occupied by Austria
Belgrade
ROMANIA
Bucharest
SERBIA
BULGARIA
To Serbia
Sofia
MONTENEGRO
EAST RUMELIA
Autonomous Provirce of Ottoma Empire
ITALY
Returned to Ottoman Empire
Constantinople
Salonika
OTTOMAN EMPIRE
GREECE
Smyma
Athens

ゴビナはオーストリアの管轄下に置かれることになった。こうしてバルカン半島へのロシアの南下は頓挫した。

外交的には袋小路に入ったものの、すでに書いたように、ロシア経済は順調に発展した。当時のロシア政府には優秀な経済官僚がいた。アレキサンドル三世が登用したニコライ・ブンゲ（Nikolai Bunge）蔵相（任期：1881〜87）は自作農創出のための低利融資の新銀行（Peasants' Land Bank）を創設した。後任のイヴァン・ヴァシネグラツキ（Ivan Vyshnegradsky）蔵相（任期：1887〜92）は、積極的な外資導入を図った。農民への増税はあったが、その収入で石油（バクー周辺）、石炭（ウクライナ）増産を図り、ロシアのインフラストラクチャーの背骨を作った。

この二人に続いたのがセルゲイ・ウィッテ蔵相（任期：1892〜1903）だったのである。彼はロシア発展の舞台を東に求めた。シベリア・極東方面にはロシアの発展を邪魔する国はなかった。交通網（ロジスティクス）の未整備が開発のネックになっていたが、シベリア鉄道敷設でけりをつけた。莫大な費用はフランス・ベルギー資本が融資した。この東方への展開が日本との衝突を生んだ（日露戦争）。ウィッテ自身は日本との衝突を避けたかったが、対日強硬派に嫌われ左遷された。結局ウィッテの危惧が現実となり、日本に敗北したロシアは、再び西（バルカン半島）に目を向けざるを得なくなったのである。

ただロシアには都合のよいことに、バルカン半島におけるトルコの影響力は20世紀に入るとますます減衰し、半島情勢は流動的になっていた。１９０８年には、バルカン半島（マケドニア）のトルコ駐留軍がアブデュルハミト二世に反旗を挙げた（青年トルコ人革命）。これを見てオーストリアが動いた。ベルリン会議で管轄下に置いたボスニア、ヘルツェゴビナを併合したのである（１９０８年10月6日）。これにセルビアが反発した。

ボスニア、ヘルツェゴビナには少数派とはいえセルビア系住民がいた。彼らは、セルビアへの帰属を望んだ。オーストリア、セルビアはそれぞれ総動員をかけ一触即発の状況に陥った。セルビアの救援要請を受けたロシアは、これをバルカン半島再進出の好機と考えたが、またしても英仏両国から横やりが入った（セルビア危機）。こうしてオーストリアのボスニア、ヘルツェゴビナ併合が決まった。

以後、ロシアは表立ったセルビア支援は控えたが、セルビアのテロ組織「ブラックハンド（黒手組）」への協力は惜しまなかった。バルカン諸国（セルビア、ブルガリア、モンテネグロ）とギリシャはバルカン同盟（１９１２年10月）を結成し、トルコをバルカン半島のほとんどから排除することに成功した（第一次バルカン戦争）。これに続いて旧トルコ領土を巡るバルカン諸国間の仲間割れが起きた（1913年6～8月：第二次バルカン戦争）。戦いに勝利したセルビアはその領土を倍増させた。

自信を深めたセルビアは、ボスニア、ヘルツェゴビナを狙った。当時のオーストリア皇帝フランツ・ヨーゼフ一世（1830年生）は高齢であったが国民的人気が高かった。セルビアは、ボスニア、ヘルツェゴビナの住民がヨーゼフ一世を慕い、内治が安定することを恐れた。そうなれば、セルビア系住民は少数民族の立場を強いられる。

ロシアは、セルビアの反オーストリア感情に気づいた。それを利用し、ドイツとその同盟国オーストリアへ復讐を目論んだ。ロシアには、大ブルガリア公国を通じての地中海進出を果たしたにもかかわらず、ベルリン会議でご破算にされた恨みがあった。会議を主宰したドイツ（ビスマルク）への恨みだった。だからこそドイツと盟友関係にあるオーストリアのバルカン半島進出は許せなかった。

第五節　セルビアとロシアの蜜月：墺王位継承者フェルディナンド大公暗殺

オーストリアがボスニア、ヘルツェゴビナを併合した2日後の1908年10月8日、大臣級を含む政府高官や陸軍の幹部がセルビアの首都べオグラードの市庁舎に集まった。ここで秘密結社国家防衛隊（Narodna Odbrana）が結成された。反オーストリアプロパガンダ及びボスニア、ヘルツェゴビナにおけるテロ工作の実施が設立の目論見だった。オーストリアは彼らの工作に気づくとセルビアに抗議した。セルビアはこの時期にはロシアの後ろ盾に不安があったせいか、おとなしく引き下がった（＊1）。

黒手組のシンボル

1911年5月10日、国家防衛隊の過激派メンバー10人が、新組織「黒手組（Black Hand）」を結成した。政府の「腰抜け」に我慢できなかったのである。1914年には黒手組構成員は2500人まで増えた。組織は3人から5人の小細胞の集合体で、細胞間のコンタクトはなかった。個々の細胞の動きはベオグラードにある中央本部が統括した。ドラグーティン・ディミトリエビッチ陸軍大佐（暗号名：アピス）が指導者であった。

当時のセルビアは政治的に「座り」の悪い国だった。ペータル一世は、軍によるクーデター（1903年）で国王に担がれた人物だっただけに軍への忖度《そんたく》が過剰だった。その一方で文民による議会も機能していた。したがって「軍に遠慮しがちな国王が統治する準民主的な専制国家」だった。

ペータル1世には二人の皇子（長男ゲオルグ、次男アレキサンデル）がいた。アレキサンデルは、ペトログラードにあるペイジ軍事学校（Page Corps）に留学した。同校は、ロシア貴族の子弟に徹底した軍人教育を施すエリート校である。アレキサンデルの留学中に、兄ゲオルグが不祥事を起こし王位継承権を失った。彼にはサディスティックな精神異常があった。その結果、アレキサンデルが皇太子となった（1909年）。21歳の時である（＊2）。

軍人としてのエリート教育を受けただけに、アレキサンデル皇太子も父と同様に軍の理解者だった。黒手組にも同情的で資金を融通した。軍内部に黒手組に反発するグループ（白手組）も現れたが軍監職についていた皇太子が手打ちさせた（1912年3月）（＊3）。

文民政権（ニコラ・パシッチ首相）と軍部はことあるごとに対立した。それに嫌気がさしたペーテル1世は、アレキサンデル皇太子を摂政にすえると政務から退いた（1914年6月24日）。軍重視の皇太子と穏健派文民のパシッチ首相はそりが合うはずもなかった。

アレキサンデル皇太子が摂政に就任した4日後、ボスニアの首都サラエボで、オーストリアの皇位継承者フェルディナンド大公と大公妃ソフィーが暗殺された。オーストリアは、捕縛された暗殺実行メンバーの自白やセルビア外交文書の解読で、黒手組が黒幕であることを突き止めると、セルビアに激しく抗議した。

パシッチ首相は、「我が国の尊厳を棄損させるようないかなる要求にも屈しない。独立国家であれば

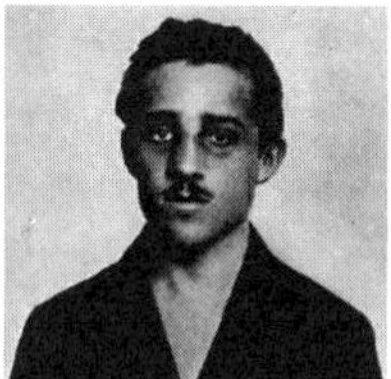
1914年6月28日暗殺直前の墺皇位継承者フェルディナンド大公夫妻と暗殺実行犯ガヴリロ・プリンツィプ（黒手組メンバー）

当然である」（＊4）とそっけない回答で、オーストリアを激怒させた。パシッチは軍を嫌っていたがこの時は庇ったのである。

1914年7月23日、オーストリアはセルビアに対して10項目の要求書を渡した。それが満たされない場合には宣戦を布告するとした最後通牒だった。

1　反墺プロパガンダ出版物の排除
2　反墺を煽る組織の解散
3　暴力を容認する反墺教育の停止
4　反墺プロパガンダを煽る軍人、官僚の解雇
5　セルビアによるボスニア統一主張の停止
6　暗殺事件調査委員会の設置と墺代表の同委員会への参加
7　事件に関与したことが確実な人物の引き渡し
8　ボスニアへの非合法の武器搬入防止、暗殺グループのボスニア入国を幇助したセルビア国境警備、税関官吏の処罰

9　暗殺事件以後も反墺発言を続けるセルビア高官の真意の説明

10　回答期限は7月25日土曜日午後5時

王位継承者が暗殺されたことを考えれば、回答期限がいささか性急すぎる点を除いて、常識的な内容だった。

＊1：Micheal Shackelford, The Black Hand: The Secret Serbian Terrorist Society https://net.lib.byu.edu/estu/wwi/comment/blk-hand.html

＊2：Dragan Bakic, Regent Alexander Karadjordjević in the First World War, Institute for Balkan Studies Serbian Academy of Sciences and Arts Belgrade, Balcanica XLVIII (2017)、pp192-193

＊3：同右、p193

＊4：Greg King and Sue Woolmans, *The Assassination of the Archduke*, St. Martin's Press, 2013, p242

第二章　チャーチルの謀略（英国参戦）と第一次世界大戦

第一節　セルビア救援を決めるロシア

オーストリアから最後通牒を受けた日、パシッチ首相は総選挙の遊説で首都を離れていた。彼が、ベオグラードに残っていれば、外交的な折り合いをつける回答（外交交渉）ができた可能性があった。首相不在の中でアレキサンデル皇太子は緊急閣議を開いた。閣議の決定は、「フェルディナンド暗殺に関わる調査はするが、オーストリアの捜査官は受け入れない。ボスニア統一の主張を止めよとの要求も拒否」というものだった。皇太子は、軍総動員命令をとりあえず出すことは決めたものの、オーストリアとの戦いを覚悟したわけではない。単独で戦えば敗戦は確実だったからである。

その夜遅く、皇太子はロシア公使館に向かった。バジリー・ストランドマン（Vasily Strandman）代理公使が彼を迎えた。ストランドマンには、本国からの指導は届いていなかった（＊1）。フェルディナンド暗殺からひと月近く経っているにもかかわらず、ニコライ二世は、態度を決めかねていた。ストランドマンは、皇太子にニコライ二世への直接コンタクト（電信）を勧めた。皇太子は直ちに皇帝に自身の思いを伝えた。

「困難な時期ですが、セルビアをけっして見捨てることなきようお願いしたい」（アレキサンデル皇太子）

「貴国救援にはいかなる努力も惜しまない。救援が結果的にうまくいかない場合でも、貴国を我が国が見捨てることはない」（ニコライ二世）（＊2）

傍点部のコメントは、セルビアを支えきることはできないニコライの不安を仄《ほの》めかすものだった。しかしアレキサンデルは、その躊躇《ためら》いに気づいていない。ロシアの軍事支援を確信すると、墺の最後通牒への条件付き受諾を回答した。いまから振り返るとこの対応こそが、第一次世界大戦への導火線になった。

オーストリアはフェルディナンド暗殺にセルビアが関わっていることを確信していただけに、条件付き受諾は受け入れられなかった。7月28日、オーストリアはセルビアに宣戦布告した。それからの各国の動きは慌ただしかった。そしてこの日からわずか1週間でヨーロッパ全土を巻き込む戦いが始まったのである。

7月28日
墺、セルビアに宣戦布告
7月29日
墺、ベオグラード攻撃開始。ロシア、全軍に動員命令
7月30日
ドイツ、ロシアに対して動員解除を求める最後通牒
8月1日
ドイツ、ロシアに宣戦布告、フランスに対して中立要求。フランス拒絶
8月3日
ドイツ対仏宣戦布告
8月4日
ドイツ、フランス攻撃のためにベルギー通過を求めるがベルギー拒否。ドイツ軍ベルギーに侵攻。ベルギーの中立保証条約を根拠にイギリス、対独宣戦布告

ここまでの記述で、読者は7月29日に、ロシアがセルビア支援のために軍を総動員した

動機についてはは理解できるはずである。しかしそれに続く事件の連鎖には説明が必要である。各国の思惑は複雑で詳しく書き込めばそれだけで一冊の本になる。ここでは最重要点だけに絞りたい。

７月29日、ニコライ二世はアレキサンデル皇太子に約束したとおりの行動をとった。総動員命令を出すことでオーストリアのセルビア攻撃を牽制した。この動きにドイツ（ヴィルヘルム二世）が対抗した。ヴィルヘルム二世とフェルディナンド夫妻との仲は良好だった。彼は親友の死を悼み、セルビアのテロ行為に憤っていた。

フェルディナンドと后ソフィーの結婚は典型的な貴賤結婚だった。ソフィーは落ちぶれた下級貴族の娘だった。フランツ・ヨーゼフ一世は、栄光あるハプスブルク家の盟主としての強烈な誇りがあった。それだけに甥フェルディナンドとソフィーの結婚を許せなかった。ハプスブルク家の血を濃くひく女性だけがフェルディナンドに相応しいのである。それでも二人の意志は固かった。皇帝は、ハプスブルク家の財産を彼女に渡さない多くの条件を付けたうえで渋々と結婚を認めた。

しかし、ウィーンの宮廷官女は、ソフィーを嫌った。彼女たちはみな高位貴族の出身であり、その多くが皇后位を狙っていた。卑しい貴族の娘に憧れの地位を奪われた嫉妬があった。彼女たちは、その妬《ねた》み嫉《そね》みを、ソフィーへの意地悪で紛らわした。彼女たちは、ソフィーを将来の皇后として扱おうとはしなかった。あくまで下級貴族として扱った。ヨーゼフ一世は健在であり、フェルディナンド大公が帝位につくのはまだ先である。意地悪の時間はたっぷりあった。

ドイツ皇帝ヴィルヘルム二世はフェルディナンド夫妻の悩みを知っていた。１９０３年9月、ヴィルヘルム二世はウィーンを訪れた。彼はハンティング好きだった。趣味を同じくするフェルディナンドとはこの時から親しい間柄となった。

ヴィルヘルム二世が夫妻をベルリンに招いたのは１９０９年11月11日のことである。私的な招待だったが、国賓待遇で迎えた。この日、フェルディナンド夫妻は、専用列車でベルリンにやってきた（アンハルター駅〈現在廃駅〉）。軍楽隊の演奏の中で二人はレッドカーペットを歩いた。ヴィルヘルム二世は、二人の到着を駅舎で待ち受けた。彼は、にこやかにソフィーに歩み寄ると頭を下げて彼女の手にキスした。そして、抱えられないほどの大きな蘭の花束を彼女に捧げたのである（＊3）。彼女を卑しむウィーン宮廷への当てつけであるかのようだった。

フェルディナンドは、ドイツ皇帝が妻に見せた格別の配慮に感謝した。独墺は宗教が異なる（ドイツ：プロテスタント、オーストリア：ローマカソリック）。ゆえに角突き合わせることが多かった。しかし、この時期の両国の関係は目に見えて良好だった。

7月30日に、ヴィルヘルム二世はロシアに対して総動員令の解除を求めた。親友のフェルディナンド大公を亡くした墺に助け舟を出すことは当然であった。ただけっしてロシアとの戦いを望むものではなかった。「ロシアは、ドイツと同様に局外にいて、墺・セルビアの当事者による解決に任せるべきである」、つまり「対立の局地化」を求めるものだった。ニコライ二世の心には同じ思いがあったようだ。アレキサンデル皇太子への約束を面子をつぶさない形で反故にできればそうしたかった。ニコライ二世とヴィルヘルム二世は、英国ビクトリア女王の孫つまり従兄弟どうしなのである。この二人の皇帝の思惑を複雑に「破壊」したのは、フランスと英国の「愚かな」外交であった。

フランスは、40年以上前の普仏戦争（1870年）敗北の恨みを抱き続けていた。普仏戦争では、莫大な賠償金に加えアルザス・ロレーヌ地方を失った。フランス（ナポレオン三世）が仕掛けた戦いであっただけにその敗北はフランスのプライドを傷つけた。爾来《じらい》、歴代のフランスの為政者は復讐の機会を待ち続けた。フェルディナンド大公暗殺事件に端を発した独露の対立は千載一遇のチャンスだった。

フランスは、2国の対立を煽った。ロシアが東方でドイツと戦ってくれれば、ドイツの戦力を東西に分断できる。先に書いたようにロシアは専制国家ながら屈指の工業国に変貌し、強力な陸軍を持っていた。そのロシアがドイツと戦ってくれさえすれば、普仏戦争の屈辱を晴らすことができる。ロシア工業化のファイナンスはフランス資本が担っていた。そのことを梃《てこ》にすれば、ロシアを「けしかける」ことはさほど難しくないと考えた。「ロシアの外務省、陸軍に蔓延《はびこ》る対独強硬派を煽る」。それがフランス外交の方針となった。

＊1、2：Regent Alexander Karadjordjević in the First World War, p195
＊3：*The Assassination of the Archduke*, p92

第二節　愚かなるフランスの対露外交

墺・セルビアの交渉が続いていた7月15日、ダンケルクの港から仏海軍船「ラ・フランス」号がサンクトペテルブルクに向けて出港した。艦上にはアンリ・ポワンカレ大統領とルネ・ヴィヴィアニ首相の姿があった。7月20日、サンクトペテルブルク港ではセルゲイ・サゾーノフ外相、アレクサンドル・イズヴォリスキー露駐仏大使（＊1）、モーリス・パレオローグ仏駐露大使らが二人を迎えた。この日から、ポワンカレ大統領とニコライ二世は墺・セルビア情勢への対応について3日間の協議に入った。初日の様子は、パレオローグ大使の残した日記に詳しい（＊2）。

「われわれには真剣に協議しなくてはならないことが多々ある。そのほとんどに合意ができると思うが、一つだけ気になることがある。英国がどう出るかだ。どうしてもあの国をわれわれの側につけなくてはならない。そうすれば平和（ヨーロッパの安定）が保てる」（ニコライ）

「そのとおりです。3国の協調（三国協商）は安定のために不可欠です」（ポワンカレ）

「貴殿はドイツの出方がよくわからず不安に思っていると聞いているが」（ニコライ）

「たしかに不安があります。（中略）ドイツ皇帝および政府は、世界のどこであっても（われわれとの間に）紛争が起きれば一切の妥協を見せないでしょう」（ポワンカレ）

「皇帝（ヴィルヘルム二世）が戦争を考えているとは思えない。君も気づいていると思う

が、彼の言動は『劇場型』で大げさなところがある」（ニコライ）
「（前略）しかし、戦争の危機が迫ったとき、彼にそれを止めることができるかといえば、そうは思えません」（ポワンカレ）

ニコライ二世は煙草をふかしながらしばらく黙考すると、はっきりとした口調で次のように続けた。

「そうであればとにかく英国を味方にしておく必要がある。彼（ヴィルヘルム二世）が精神錯乱に陥らない限り、3国を敵に回すようなことはなかろう」

この会話のニュアンスから、ニコライの真意が知れる。彼は、その強硬姿勢とは裏腹に、ドイツとの戦いは望んでいなかった。仏露首脳はピョートル宮殿（Peterhof）に移って協議を続けた。フランスからの賓客は7月23日午後遅くサンクトペテルブルクを発って帰国した。翌24日午後、ニコライ二世は閣僚評議会を招集し、ロシア南部の陸軍4軍区（オデッサ、キエフ、モスクワ、カザン）から110万人およびバルチック・黒海艦隊の動員を決定した。これが露仏首脳会談の結論だったのである。

フランス外交がニコライ二世に対独強硬外交をとらせた。ニコライ二世は、さらに13個師団の追加動員も決めた。その時期については強硬派のサゾーノフ外相に委ねられた。陸軍大臣は軍需品調達手配を、大蔵大臣は、独墺にあるロシア金融資産の早急な引き上げを指示された（＊3）。

閣僚評議会を終えたサゾーノフ外相は、フランス大使館に赴き、パレオローグ仏大使と話し込んだ。そこにはブキャナン英駐露大使の顔もあった。ブキャナンは対独強硬派だった。サゾーノフは、二人にロシア皇帝が陸軍だけでなく海軍にも動員命令を発したこと、このことは適当な時期が来るまで公表しないと伝えた。

パレオローグは、仏はロシアに全面協力するときっぱりと述べた。それがポワンカレ大統領の指示だった（＊4）。ブキャナン英大使は解せない態度をとった。露仏両国の前のめりの動きを止めようともせず、「ドイツに感づかれないように動員は進めていく必要がある」と述べた（＊5）。さらに、ブキャナンは、「ロシアは戦うことを決めている。とにかくドイツにすべての責任を被せなくてはならない。ドイツにまず戦いのイニシアティブをとらせる。そうしなければ英国世論が納得しない」とまで言い切ったのである（パレオローグのメモワール）。ブキャナンは後にこの発言を否定しているが、その後の英外務省の動きを見ると、メモワールの記述には信憑性がありそうだ。

近代国家が戦争を始めることは簡単ではない。総力戦になるだけに国民の理解と支持が要る。ブキャナン大使の言葉でわかるように、敵国に先制攻撃をさせることが重要である。このやり方は日米戦争勃発時にフランクリン・デラノ・ルーズベルト政権が日本の奇襲攻撃の誘い込みに腐心したことでもわかる。民主主義国家が戦争を始めるためには敵国に先に攻撃させなくてはならない。国民の理解を得るには「戦う理由は単純（防衛戦争）」でなくてはならない。

読者はすでに気づいていると思うが、ロシアの動員は7月24日に決定されていた。これは墺がセルビアに求めた最終回答期限（7月25日土曜日午後5時）の1日前である。一般の歴史書では、ドイツ（ヴィルヘルム二世）のアグレッシブな外交が第一次世界大戦の原因であると書かれている。しかし、実際の事件の時系列を見れば、ロシアがフランスの後押しを受けて異常なまでのスピードで臨戦態勢に入っていた。前節で書いたように、ニコライ二世は従兄弟のヴィルヘルム二世とは「戦いたくない」思いがあった。フランスがその思いを潰し、対独戦止む無しに持ち込んだのであった。

仏露首脳の懸念はやはり英国の出方だった。英国民にとって、オーストリア・セルビアの戦いは遠い国の「火事」だった。ドイツ嫌いのブキャナン大使は「英国は仏露につくだろう」と意見していたが、ニコライ二世もポワンカレ大統領も不安であった。

＊1：Gerry Docherty and Jim Macgregor, *Hidden History: The Secret Origins of the First World War*, Mainstream Publishing, 2013, p368
Alexander Isvolsky（1856～1919）、外相（1906～1910）、駐仏大使（1910～1916）を歴任。ポワンカレ、デルカッセ（元外相）らと親しく、バルカン問題に火を注ぐ外交を展開。1919年回想録執筆中、ニースで突然死した。

＊2：Maurice Paléologue Diary July 20（Monday), 1914
https://bspurlin.wordpress.com/july-20-1914/

＊3、4：*Hidden History*, p280

＊5：同右、p281

第三節　愚かなるチャーチル
その1：アイルランド独立問題

ブキャナン英駐露大使は英独の戦いを望むかのような発言をしていたが、この時期の英独の関係は、教科書の描写とは違い「極めて」良好であった。御用史観（釈明史観）の歴史家はこのことをけっして書かない。これが「ばれてしまう」と愚かなる英国の外交とそれに追随したウッドロー・ウィルソン米大統領の判断ミスが白日の下に晒されるからである。そうなればドイツ一国に第一次世界大戦の責任を押し付けたベルサイユ条約がいかに歪《いびつ》で非道であったかが露見する。ベルサイユ体制を是とする歴史観が崩れると、その是正をアドルフ・ヒトラー（ナチス政権）に求めたドイツ国民の思いに理があると疑われてしまうのである。

ドイツ皇帝ヴィルヘルム二世が、盟友フェルディナンド大公の死を知らされたのは、キール軍港であった。ドイツ海軍の拠点キールでは、この時期、表敬に訪れた英国艦隊（戦艦4隻、軽巡洋艦3隻）を歓迎する英独親善行事が華々しく開催されていた（日程：6月23～30日）（＊1）。6月25日にはドイツ第二艦隊旗艦「プロイセン」艦上で英国艦隊士官を招いたパーティ、それに続いて市長主催のガーデンパーティが行われた。ヴィルヘルム二世もご自慢の専用ヨット「ホーエンツォレルン」でキールに入り、英国艦隊を自ら出迎えた。26日には、海軍兵学校を会場にした舞踏会（独海軍主催）も開かれた。28日には、ドイツ海軍アルフレッド・フォン・ティルピッツ提督主催の午餐会、ロイヤル・パレスでの晩餐会もあった。

フェルディナンド大公暗殺の報は、まさに英独親善行事の真っただ中に届いたのだった。訃報を受けたヴィルヘルム二世は、翌朝（29日）、王妃とともにウィーンに列車で旅立った。暗殺の報は英国にも直ちに届けられた。この時点で、この事件が発端で、英国がドイツと戦うことになるだろうと思う国民はどこにもいなかった。

英国民の関心は、ヨーロッパ大陸の揉め事にはなかった。この時期の英国は、アイルランド問題で内戦の危機にあった。自由党アスキス政権は、アイルランドに自治を認める方針を決めたが、プロテスタントが多数派の北東部（アルスター）がそれに激しく反発していた。政権与党も野党も方針が決められず揉めにもめた。ハーバート・アスキス首相はなんとか妥協点を見出そうと、あえてバッキンガム宮殿内で円卓会議を開いた（7月21〜24日）。

Die gefährliche Situation in Ulster
hat sich aufs Aeusserste zugespitzt. Uebungen der Frei-
willigen mit einem Maximschnellfeuergeschütz und
modernen Infanteriegewehren.

内戦も辞さずと決めたアルスター義勇軍の演習

アイルランド問題は、複雑であった。英国本土の政治家は、アイルランドの自治容認はやむを得ないとの思いでまとまっていたが、問題はアルスターと呼ばれる地域の扱いであった。この地方はスコットランドとの結びつきが強かった。アイルランド自治政府の統治下に入るのを拒み、英国の領土であり続けることを望んだのである。それが確定的な条件にならない限りアイルランド自治には反対であった。アルスター地方は長老派プロテスタントが多数派である。カソリック教徒の多いアイルランドの施政になれば、少数派に陥る。アルスターの住民はアイルランドへの自治容認は危険だと考えた。

アスキス首相が、保守党、自由党およびア

イルランドを巡る二つの勢力（アイルランド自治勢力、アルスター派）を招いた円卓会議をわざわざバッキンガム宮殿で開いたのには理由があった。宮殿での開催であれば、「妥協まではできないとしても両者の隔たりを少しでも縮められる可能性がある」（＊2）と考えたからである。しかし、アスキスの期待に反し、一切の妥協がならなかった。ジョージ五世は会議の成り行きを心配げに見守っていたが、どうすることもできなかった。

アイルランドの二つの勢力はすでに武器を調達し兵士も集め、臨戦態勢にあった。円卓会議の失敗は内戦不可避を意味していた。この日の模様はアスキス首相が当時の愛人に残した手紙で知れる。

「（宮殿）会議は失敗に終わった。参加者の何人かの目には涙が浮かんでいた。最後に国王が議場に入り、『さようなら。とても残念な結果です。（あなたたちの努力に）感謝します』と述べた。国王はひどく感情的になっていた」（＊3）

円卓会議が暗礁に乗り上げていた7月23日、ロンドン市内でマーゴ・アスキス首相夫人主催のガーデンパーティがあった。英独関係が良好だったことはここにもドイツ駐英大使

（カール・リヒノフスキー）の姿があったことからもわかる。会議が不調であることを聞いたリヒノフスキー大使は、パーティに出席していたウィンストン・チャーチル海軍大臣の意見を聞いた。チャーチルの答えは、「流血騒ぎになるな（内戦になる）」であった（＊4）。

しかし、チャーチルには秘策があった。アイルランド自治を巡って二つの勢力はたしかに角突き合わせているが、一つの共通点があった。どちらの勢力も英王室への強い忠誠心を見せていた。アスキス首相が宮殿での円卓会議を企画したのは、王室への忠誠心があればなんとか歩み寄れるのではないかと期待したからだった。しかしその試みは失敗した。

内戦は不可避と考えたチャーチルだが、大陸のごたごたに英国が首を突っ込めば、アイルランド内戦どころではなくなるだろうと考えた。内政の混乱を戦争でごまかす典型的な手法であった。

＊1：英国艦隊のキール軍港表敬訪問と歓迎行事については拙著『日米衝突の萌芽』（草思社）第9章「第一次世界大戦」イギリスの参戦　403〜412頁　に詳述。

＊2：Mark Bostridge, *The Fateful Year England 1914*, Penguin Viking, 2014, p172

＊3、4：同右、p174
70頁　写真：Picture Alliance／アフロ

第四節　愚かなるチャーチル
その2：誰も考えていなかった英国参戦

アスキス首相には愛娘バイオレットがいた。彼女は、男に生まれたらさぞや政治家として大成したに違いないといわれるほどに政治への関心が高かった。パーティでチャーチルに会えば、ダンスなどそっちのけで政治談議に花を咲かせた。彼はどこかの段階で彼女に結婚を仄めかした。しかし、バイオレットへの求婚前に密かに惚れていたクレメンタイン・ホジェに「ダメ元」でプロポーズした（1908年8月11日）。クレメンタインの答えは「イエス」だった。二人はその日からわずかひと月後に挙式した（9月12日）。

袖にされたバイオレットが自殺未遂を図ったのは二人の結婚式から1週間後の9月19日のことであった。首相の愛娘を「袖にした」政治家は、本来であれば出世をあきらめなければならない。しかしチャーチルは幸運だった。バイオレットは彼を恨まなかった。逆に

ウィンストン・チャーチルの登用を父（ハーバート・アスキス首相）に懇請したバイオレット

彼女は父にチャーチルを出世させるよう懇願した。バイオレットは、傷心から立ち直ると、平静を装い、チャーチルと「友人」関係を続け、クレメンタインを嫉妬させた。いずれにせよ、この関係が、チャーチルの出世に有利に働いた。１９１０年2月には内務大臣、１９１１年10月には海軍大臣に出世した。フェルディナンド大公暗殺事件やアイルランド内戦危機の時期のチャーチルは、海軍大臣であった。

フェルディナンド大公暗殺の報を聞いた英国世論は、オーストリアに同情的であった。

「オーストリアはこのまま黙っているわけにはいかないだろう」（ウェストミンスター・ガゼット紙）

「セルビアのこれまでのやり方は、残酷で、偽善に満ちて、そのやり口のあくどさで右に出る国はない。信用ならない国である」、「もし物理的にセルビアを海に沈めることができ

れば、ヨーロッパはすっきりする」（マンチェスター・ガーディアン紙）（＊1）

英国政界の思いも同じようなものであった。政治家たちは、ヨーロッパ情勢にそれなりの知見があるだけに、フェルディナンド大公暗殺事件がドミノ的な拡大を見せる可能性には気づいていた。そうなれば独墺連合対露仏の戦いになる。そうであっても英国はその戦いに関わる必要はない。与党自由党のアーサー・ポンソンビー議員は、英国艦隊ドイツ表敬訪問を例に挙げて、「英独関係は素晴らしく良好である」、「軍事費削減も可能である」と議会で訴えていた（＊2）。

自由党の重鎮ロイド＝ジョージ蔵相も同じような考えであった。アイルランド自治問題を巡って宮殿円卓会議が開かれていた7月23日、議会では予算審議が行われていたが、蔵相は次のように議会説明し、軍事予算を抑制したいと訴えた。

「わが隣国（注：ドイツを指す）に目を向ければ、数年前に比して格段に友好的な状況になっている。（中略）英独両国はライバルではない。むしろ二つの偉大なる帝国であると言ってよい」（＊3）

多くの歴史書が、第一次世界大戦の構図は英仏露（協商国）連合対独墺トルコ（中央同盟国）の戦いであるなどと書いているが、実態は違う。歴史の高みに立って、「素人を納得させやすい」ロジックで説明しているに過ぎない。協商国間には自動参戦義務などはなかったし、なによりも英独関係は良好だったのである。

ではなぜ事実がありのままに書かれないのか。それは海軍大臣チャーチルのとった愚かな行動（後述）を世に知らしめたくない思惑があるからだ。英国さえ大陸の争いに首を突っ込まなければ、世界大戦にはなるはずもなく、ヨーロッパ大陸の局地戦で終わっていた。英国が参戦したからこそ、英連邦諸国（インド、豪州、ニュージーランドなど）が参戦し、極東では日独戦争が起き、米国が英国救援のために参戦（1917年）することになったのである。

7月の半ばから末にかけて、つまりフェルディナンド大公暗殺事件からひと月が経った時期にあっても、英国世論は親独であった。この事実に多くの読者が驚くに違いない。英国外交の主役であるエドワード・グレイ外相（対独強硬派）もこの時期には無関心な態度をとっていた。ドイツの外務官僚のトップであったゴドリエフ・フォン・ヤゴー国務長官は、「仮に墺とセルビアが戦うようなことがあっても、両国間の限定戦争になるであろう」と北ドイツガゼット紙に説明していた（7月19日）。良好な独英関係を考慮すればヤゴー長官の見立てはまっとうだったのである。

7月の半ばから末にかけて、世界戦争が勃発するなどと考えていた政治家はほとんどいなかったのである。

＊1：*Hidden History*, p256
＊2：同右、p260
＊3：同右、p268
74頁　写真：Mary Evans Picture Library／アフロ

第五節　愚かなるチャーチル
その3：大陸問題非干渉を望むジョージ五世

ここで第一次世界大戦勃発までの時系列を再掲する。

7月28日
墺、セルビアに宣戦布告
7月29日
墺、ベオグラード攻撃開始。ロシア、全軍に動員命令
7月30日
ドイツ、ロシアに対して動員解除を求める最後通牒発す
8月1日
ドイツ、ロシアに宣戦布告、フランスに対して中立要求。フランスの拒絶
8月3日
ドイツ対仏宣戦布告
8月4日
ドイツ、フランス攻撃のためにベルギー通過を求めたがベルギー拒否。ドイツ軍ベルギーに侵攻。ベルギーの中立保証条約を根拠にイギリス、対独宣戦布告

8月1日、ドイツは、ロシアに動員解除を求めた。ロシアがこれに応じれば大戦にはならなかった。ニコライ二世がドイツの要求を拒否した背景には、救援を約束したセルビア（アレキサンデル皇太子）への面子に加え、独への復讐の機会を狙っていたフランスの工作があったことはすでに書いた。

7月末のヨーロッパ諸国は、ヨーロッパ大陸での戦いは不可避だが、英国参戦はなさそうだとの判断であった。それを示すように英国アスキス内閣の閣僚のほとんどが大陸問題には介入すべきではないとの考えだった。積極介入を主張するものはアスキス首相、グレイ外相、チャーチル海軍大臣らの少数であった。新聞メディアも抑制的で、介入を訴えるのはロンドン・タイムズ紙くらいのものだった。ナサニエル・ロスチャイルドに代表されるロンドン金融界も市場の混乱を嫌い非介入の立場をとった。自由党の重鎮ロイド＝ジョージ蔵相も多数派（非介入派）の一人であった。

モルガン商会に代表される米国のユダヤ系資本家は、第一次世界大戦で巨利を得たことはよく知られている。それだけに、ユダヤ陰謀論が散見されるが、ロンドンのロスチャイルド家は、開戦を望んではいなかった。そのことは同家の総帥ナサニエル・ロスチャイルドがフランス・ロスチャイルド家に送った書簡で知ることができる。

「墺とセルビア間の紛争（交渉）については特に進捗があるとは思えない。ただ両国とも軍事衝突は回避しようとしている」（7月23日）（＊1）
「（世間は）墺のセルビアへの要求は当然であるとの考えである。墺があの血なまぐさい殺人（王位継承者フェルディナンドの暗殺）を放置するようなことをすれば、列強としての立場が危うくなる」（7月27日）（＊2）

したがって、8月4日の英国対独宣戦布告までにアスキス政権内でいかなる動きがあったのかは、従前から歴史家の関心事であった。しかし、具体的な動きはわかっていなかった。当時、英国の閣議では、閣僚が個人的にメモをとることは禁じられていた。閣議の内容は、事務方がまとめ、それを首相が国王に説明する慣例であった。アスキス政権の閣僚の過半数が非参戦の考えであったことは知られていたが、それがいかにして参戦容認に変わってしまったのかは想像するしかなかったのはこれが理由だった。

2008年、この謎にようやく一筋の光明が見えた。当時の植民大臣ルイス・ハーコート（任期：1905～1915年）の日記が公開されたのである。この年、ハーコート大臣の遺族が、彼の残した1905年から17年にかけての日記をボドリアン図書館（オックスフォード大学、英国第二の規模）に寄贈した。そこには英国が大戦介入を決定するまでの閣議の模様やその前後のチャーチルの行状、そして非介入派であった自身や同僚閣僚がチャーチルに翻弄される様が赤裸々に記録されていた。

ハーコートは、メモをとらないという不文律に従わず、閣僚の発言を書き留めていた。1914年7月には、それをチャーチルに咎《とが》められメモを止めたが、それ以後は記憶を頼りに、閣議の模様を日々綴った。ハーコート日記が公開されたことで、ようやくこの時期のチャーチルの行状が明らかになった。それによってアスキス政権が非介入から介入に舵を切った理由がわかってきたのである。

アイルランド自治問題を巡る宮殿円卓会議は7月24日に何の成果もなく終わったと書いた。この日の気持ちを、チャーチルは、戦後（第一次世界大戦）に著した『世界の危機』(The World Crisis) に書いている。

「彼（グレイ）の説明を聞きながら数分が経った。（彼の発言前には失敗に終わった宮廷会議の）面倒で出口の見えないアイルランド自治問題で頭が一杯であった。疲れ切っていたが、外相の言葉の意味するものが徐々に心の中で明瞭になっていった。墺の要求書は明らかに最後通牒である。これほどひどいものが現代にあり得るものなのか。こんな要求は世界のどの国でも絶対に受け入れられない。仮に（セルビアが）卑屈な態度を見せて要求を受け入れたとしても侵略国（墺）を満足させることはできるのか。私の頭の中にあったファーマナー、ティローン両郡の帰属を巡る議論は消えていた」（＊3）

上記は、この日に閣議で行われた、グレイ外相によるヨーロッパ情勢ブリーフィング後のチャーチルの思いである。明らかに、セルビアびいきである。筆者は、セルビアによるフェルディナンド大公暗殺の顚末を書き、王位継承者を殺された墺の10項目にわたる最後通牒の内容も示した。墺の要求はやや性急な最終回答期限を除き常識的であるとも書いた。ナサニエル・ロスチャイルドも書き残しているように、墺の要求はチャーチルが描写するような酷いものではなかった。

しかし、チャーチルは、自著の中で墺の最後通牒の中味を読者に示さず、単純に墺を責めた。さらに、「私の頭の中にあったファーマナー、ティローン両郡の帰属を巡る議論は消えていた」と続けている。ファーマナー、ティローン両郡では、カソリックとプロテスタントの両勢力の力が均衡しており、アイルランド自治派とアルスター派が互いに領土と主張する紛争地だった。この帰属問題が、宮殿円卓会議紛糾の主要原因となっていた。

チャーチル海軍大臣は、7月24日のグレイ外相の大陸情勢説明を聞き終えた時点で参戦を決めたことは確実である。しかし、対独強硬派の一人アスキス首相は、この時点では冷静で、むしろ避戦に傾きかけていた。その理由は、ジョージ五世の意向にあった。国王は、宮殿円卓会議の失敗で内戦の危機を憂えていた。国王が、こんな時期に、大陸の戦争に関与したいなどと思うはずもなかった。

1914年当時のウィンストン・チャーチル

7月26日、ドイツ皇帝ヴィルヘルム二世の弟ヘンリー王子は、自慢のヨット「ゲルマニア」号に乗り、ワイト島北端の港町カウズにいた。当時同港沖で実施されていた英国艦隊の演習視察のためであった。ヘンリー王子は生粋のドイツ海軍軍人であり、かつてはドイツ東洋艦隊司令官として青島に赴任したこともあった（任期：1899～1901年）。

1914年当時は海軍元帥だった。

この日、唐突にジョージ五世からロンドンでの会食の誘いがあった。二人は英国ビクトリア女王の孫である。あくまでプライベートな会食であったが、ジョージ五世は、「我々（英国）は、（ヨーロッパの）ごたごたには巻き込まれないようにする。あくまで中立でいる」とヘンリーに語った。会食を終えたヘンリーは直ちに、ジョージ五世の意向をベルリンに打電した（＊4）。

7月26日の時点で、セルビアやロシアの側に立って参戦することを決め、その考えを隠さなかった閣僚はチャーチル海軍大臣一人だった。グレイ外相も、明らかに介入派だったが、その物言いは慎重で旗色を明らかにしていなかった。

＊1：John Cooper, *The Unexpected Story of Nathaniel Rothschild*, Bloomsbury, 2015, p328
＊2：同右、p329
＊3：Winston Churchill, *the World Crisis 1911-1918*, 1931, 2005 Free Press version, p95

＊4：*Hidden History*, p287
83頁　写真：Mary Evans Picture Library／アフロ

第六節　愚かなるチャーチル
その4：ナサニエル・ロスチャイルドの戦争回避の努力

当時のアスキス内閣の全閣僚数は21で、ロイド＝ジョージ蔵相、バーンズ貿易相を筆頭に、マッキノン・ウッズ（スコットランド担当相）、ジョセフ・ピーズ（教育相）、ボーシャン伯爵（労働担当相）、サミュエル（地方自治政府担当相）、ハーコート（植民相）、モーレイ（枢密院議長）、サイモン（法務相）、ランチマン（農務相）の計10名の閣僚は非介入の立場を明確にしていた（＊1）。

チャーチルは、閣僚たちの「中立でいるべきだ」、「介入すべきでない」という声に苛立《いらだ》った。7月25日、ジョージ五世の考えを聞いていたであろうアスキス首相が非戦（中立維持）の立場に変わりかけると、「結局はわが国は戦わない、つまり『くそったれの和平（a bloody peace）』を選択するわけですか？」（＊2）と噛《か》みついた。

チャーチルは、アスキス首相に悪態をついた日に、首相（閣議）の承諾を得ない行動に出た。演習を終えて以来スピットヘッド（英国南部の港ポーツマス沖）に待機していた艦隊に、北部スコットランド海域への移動を命じたのである（7月28日午後5時）。「翌29日、日が落ちてから、ドーバー海峡を無灯火で航行し、北海を北上しスカパフロウに向かえ」という指示だった。スカパフロウは、スコットランド北部のオークニー諸島に囲まれた内海で戦時には海軍基地となる。アクセス水路は狭隘《きょうあい》で、外部からの侵入が難しい。目的地がスカパフロウであることも秘密にされた（＊3）。

7月29日、アスキス首相は閣議を開いた。この日も、閣僚の大勢は非介入であり、対独強硬論をはっきりと主張したのはチャーチルだけであった。強引なチャーチルの訴えで、万一に備えての海軍の予備的動員だけは進めることについては閣議了承された。チャーチルはすでにスピットヘッドからスカパフロウへの艦隊移動（臨戦態勢）を命じていただけに、この決定に安堵した。形式的事後承認で責任問題から免れることができた。

この日の閣議では、グレイ外相に怪しい動きがあった。彼は、ドイツの英国に対する外交アプローチを閣僚に説明しなかった。この日、ベルリンでは、ベートマン独首相がゴーシェン英駐独大使に、露仏との戦いが避けられないことを前提にして、次のように述べ、英国の理解を求めたのである。

「（ベルギー領を独軍が通過することになるが）ベルギーの中立（ベルギーが露仏に与しないこと）を条件に、戦いが終結次第、ベルギーの独立（主権）は直ちに回復させる。英国には非干渉の立場を期待したい」（＊4）

ゴーシェン大使は内容を直ちに本省に打電した。グレイ外相は、アスキス首相にドイツの真意を枉《ま》げて伝えた。

「ドイツはベルギーの中立保全を交渉材料にしてわが国の中立を確約させようとしている。とんでもなく汚いやり方です」

その上で、首相から、ドイツに対しては「ベルギーに侵入した場合、英国は非干渉を貫くとの確約はできない」と回答する了解を得た。29日の閣議では、この事実も伏せた（＊5）。

ナサニエル・ロスチャイルド男爵
(1840〜1915年)

先に書いたようにナサニエル・ロスチャイルドは、この時期には、避戦の動きを本格化させた。31日、シティ(ロンドン金融界)代表が大陸のごたごたに介入しないよう求める要望書を出した。ナサニエルの意向だった。ナサニエルはこの日、仏ロスチャイルド家に仏政府の好戦的な動きを牽制するよう指示した。

「シティの噂では、ドイツ皇帝はサンクトペテルブルク(ロシア)とウィーン(墺)に対してなんとか解決の糸口を見つけるようにと圧力をかけているようだ。どちらの国にとっても不名誉にならない妥協案を探っているらしい。私もドイツ皇帝はそのように動いていると判断しているし、その態度は称賛に価すると思う」

「翻《ひるがえ》って、フランス政府は何をしているのか。彼らの方針はどうなっているのか。ポワンカレ大統領とロシア皇帝、ロシア政府との関係は良い。大統領はドイツとの戦争がいかに悲惨なものになるかしっかりとロシアに説明してくれていると思う。ロシアの同盟国（仏）がいかに強力であったとしても結果は同じであると話しているに違いないと思っている。戦争になれば、今まで経験したことのないほどの惨事になろう」

「フランスはロシア最大の債権国である。両国の経済・金融は密接な関わりを持っている。君たち（仏ロスチャイルド家）も、フランスの政治家に戦争を回避するよう圧力をかけてほしい。ロシアはフランスには随分と恩があることをわからせてほしい。とにかく戦いを起こさせてはだめだ。最後まで諦めないで頑張ってほしい」（＊6）

＊1：*The Fateful Year England 1914*,p183
＊2：Robert Lloyd George, *David & Winston*, The Overlook Press, 2005, pp107-108
＊3：*the World Crisis 1911-1918*, p109
＊4、5：*Hidden History*, p294
＊6：*The Unexpected Story of Nathaniel Rothschild*,p335

第七節　愚かなるチャーチル
その5：ロイド＝ジョージ籠絡

7月29日の閣議の空気は非介入派の閣僚を不安にさせた。

7月30日、ハーコートの執務室に非介入派9人が顔をそろえた。無条件での中立が大勢であったが、ホブハウス（郵政相）だけが、ベルギー中立案件を気にしていた。ハーコートら非介入派の危機感は高まっていた。前日（29日）には、海軍省からの内通で、チャーチルがキュナード汽船の客船を手配したことが知らされた。チャーチルは、ハーコートが恐れたように、閣議了承のない兵員輸送の手配までも進めていた。チャーチルが閣議を無視して独炭の全量買い付けも決めていた（＊1）。ハーコートは、チャーチルが閣議を無視して独断で戦争準備に入ったことを確信した。この日、次のように書いている。

「チャーチルは、石炭買い入れコストは100万ポンドになると言ったらしい。昨日の閣議では、『予備的措置として石炭を買い上げたい。その費用は1万ポンドを超えない』と言っていたにもかかわらずである。奴は気がふれたのだ（He has gone mad）。午前2時頃海軍省のビルの前を通ったが、明かりが煌々と灯っていた。予備的措置を逸脱して、もう戦争を決めたかのような作業をしている。そう思うと強い恐怖感に襲われた」（＊2）

この時期、ハーコートも植民大臣として、豪州艦隊を本国（英国）の指揮下に置くよう指示することが命じられていた。しかし彼はそれをしていない。彼なりの抵抗であった。非干渉派の急先鋒の一人モーレイ（枢密院議長）は、「君（ハーコート）が（閣議で）合図してくれれば、そのときに辞意を表明する」と語った。30日の日記は、「介入派の勢いが強くなっている。奴らが罪を犯す前に、なんとしてでもこの内閣を潰さなくてはならない」で終わっていた（＊3）。

8月3日、大きな動きがあった。この日はドイツが対仏宣戦布告した日である。フランスは、ドイツに中立を求められていた。ロシア支援を決めていたフランスがそれに応じるわけもなかった。介入派の動きが活発になると、ハーコートら非介入派は、大胆な行動に出た。3日午前10時、大蔵省にピーズ、マッキノン、ウッド、ボーシャン、サイモン、ランチマン、ハーコートが集合した。彼らに非介入派の重鎮ロイド＝ジョージ蔵相が加わった。午前11時、非介入派を代表して、ロイド＝ジョージ蔵相とハーコートが首相官邸に乗り込んだ。ハーコートの日記には次のように書かれている。

「午前11時、ロイド＝ジョージと私は首相のところに行き、『我々は8人から10人の同志の代表である。ベルギー中立問題があっても介入には反対する』と伝えた。首相は無言であった」（＊4）


この日の閣議は、この後すぐに始まった。非干渉派の動きにチャーチルが露骨に反発した。

「『ドイツがベルギー領を侵犯すれば、介入してほしい。そうでなければ僕は辞任する』とチャーチルが主張すると、『戦争するというのなら、私が辞任する』とモーレイが反発した」（ハーコート日記）（＊5）

ここで、これまで対独強硬の牙を隠していたグレイ外相がチャーチルに加勢した。グレイは、ベルギー中立問題に加え、フランスとの密約を持ち出した。英仏海軍の秘密協定で北海・英国海峡方面の防衛は英国海軍に責任があり、地中海方面については仏海軍が担うことになっていると説明した。非干渉派はこれに憤った。相互を束縛する軍事協定の存在は閣僚に説明されたことはなかった。グレイの説明に激しく抗議するバーンズの目には涙が浮かんでいた（＊6）。非介入派の激しい抵抗に、今度はグレイ外相が、自身の主張が認められなければ辞任すると言い出した（＊7）。

紛糾する閣議を受けて非介入派のバーンズ（貿易相）、モーレイ（枢密院議長）、サイモン（法務相）、ボーシャン（労相）の4人が辞表を出した。しかしこの辞表劇で内閣は崩壊しなかった。日記を書いていたハーコート植民相だけでなく、ロイド＝ジョージ蔵相が動かなかったからである。ハーコートの心変わりの理由はよくわからないがロイド＝ジョージの動きに追随したのであろう。ロイド＝ジョージについては、心変わりの理由がわかっている。チャーチルが、彼を脅したのである。

ロイド＝ジョージはこの前年（1913年）にマルコーニスキャンダルで政界引退の危機にあった。このスキャンダルの詳細を書く紙幅はないが、日本のリクルート事件に似ていると言えばわかりやすい。ロイド＝ジョージが、海上無線の新興会社米国マルコーニ無線の英国子会社株をロンドン株式市場上場前に格安で取得した事件であった。チャーチルは、収賄が確実なロイド＝ジョージを徹底的に擁護して、失脚から救った。8月3日閣議の前に、チャーチルが、激しい揺さぶりをロイド＝ジョージにかけていたことは、ロイド＝ジョージの秘書フランシス・スチーブンソン（ロイド＝ジョージの愛人）の記録からわかっている。

結局、ロイド＝ジョージ蔵相は辞任しなかった（できなかった）ためにアスキス内閣は崩壊せず対独宣戦布告が決定した（8月4日の閣議）。ナサニエル・ロスチャイルドも危惧したように、英国の参戦がどれほどの惨禍を生むか、少しでも常識があればわかる。チャーチルにはそのような感覚はなかった。「素晴らしい仕事（対独宣戦布告）」を成し遂げた満足感に酔った。フランシス・スチーブンソンが参戦を決めた閣議から意気揚々と出てきたチャーチルの振る舞いを苦々しげに記録している。

「重大な決定を終えた閣議から出てきたチャーチルは、満面の笑みを浮かべていた。葉巻を口に咥《くわ》えて、『さてさて、やっと仕事が終わった（Well! The deed is done!）』と満足げであった。彼の一生の夢を叶えた瞬間だった。彼はこの決定がもたらすことになる恐怖と人々の犠牲といったものにはまったく関心がなかった。ようするに活躍のチャンスが巡っ

てきたことが嬉しかったのである」（＊8）

＊1：*Hidden History*, p330
＊2：David Elstein, August 1914: another foreign war, another dodgy dossier, Open Democracy, September 24, 2014
https://www.opendemocracy.net/en/opendemocracyuk/august-1914-another-foreign-war-another-dodgy-dossier/
＊3：*Hidden History*, p350
＊4、5、6：Mike Webb, Lewis Harcourt's Political journal 1914-16, *Journal of Liberal History* 87 Summer 2015, p49
＊7：*The Fateful Year England 1914*, p194
＊8：*David & Winston*, p111

第三章　第一次世界大戦とチャーチル・ウィルソンの思惑

第一節　ガリポリ上陸作戦の失敗とチャーチルの失脚
その１：チャーチルのトルコ戦艦接収

ベルギーという国は、かつてオランダの一部だった。しかしこの地方はカソリック勢力が大勢を占め、オランダからの離脱を求める運動が活発化した（１８３０年代）。これを許さないオランダに列強が介入し、ベルギーを独立させた（ロンドン条約：１８３９年）。同条約に、ベルギーの独立を英国は保障すると解釈できる一項（第７条：すべての国から恒久的な中立国であることを認められる）があった。

けっして署名国の能動的中立保障を規定するものではなかったが、ドイツはこれを気にかけた。フランスとの戦いを普仏戦争のように短期間で終わらせ、軍主力を東部戦線（対ロシア戦）に展開させたかったからである。

ドイツは、ベルギーに繰り返し無害通航を求めた。ベルギーに何らかの物理的損害を与えた場合の補償、戦争終結後の中立の保障といった条件も提示した。しかしベルギーは頑《かたく》なに拒絶した。ドイツは知らなかったが、ベルギー軍部はすでに早い段階から、大陸での紛争があった場合には、協商国側（英仏）につくことを決めていた。

「ベルギー政府は、（英国との協議を通じて）フランスの港に上陸した英軍16万がベルギー政府の（公式の）許可なくベルギーに侵入することをわかっていた。（中立国であるならば）英仏両国によるベルギー侵略に備えて、ドイツ政府とも協議しなくてはならないはずだがそれはしていない。ベルギー政府は、初めからドイツの敵国（英仏）に味方することを決めていた」（＊1）

したがってチャーチルを筆頭にする英国の軍関係者は、ベルギーは中立国ではないことを知っていた。そうでありながら75年も前に結ばれた中立保障義務を緩やかに規定したロンドン条約を、大陸紛争介入の理由にした。

非介入の閣論を覆して参戦を実現したチャーチル海軍大臣の次の狙いは、ご自慢の英国艦隊による海戦での華々しい活躍だった。しかし、ドイツ海軍は、英海軍に真っ向勝負すれば勝ち目のないことを知っていた。太平洋戦争における日米艦隊による「本格的」海戦に匹敵する戦いは英独海軍の間ではわずか一度しかない（ユトランド沖海戦：１９１６年5月31日〜6月1日）。ドイツ艦隊は当初から軍港内に閉塞し海戦を避けていた。ドイツ海軍が力を入れたのは潜水艦（Uボート）作戦であった（後述）。

それでもチャーチルは、英国艦隊の活躍の場を作りたかった。輝かしい軍功を上げ首相の座を狙うステップにしたかった。英国海軍は、ドイツ港湾封鎖には成功していた。しかし、チャーチルには、「地味すぎる成功」だった。

彼が狙ったのは、独墺側について参戦したトルコ（オットマン帝国）の首都コンスタンティノープル（現イスタンブール）攻略だった。すでに書いたように、バルカン戦争でトルコの軍事的弱体化は露呈していた。コンスタンティノープルを攻略し、ボスポラス・ダーダネルス海峡を制圧するのである。両海峡の制海権を確保すれば、黒海との交通路が確保できる。ロシア（ウクライナ方面）からの穀物の輸入とロシア陸軍への軍需品供給がスムースになる。ロシア海軍との共同作戦も可能となる。

チャーチルは、まず地中海からマルマラ海への入り口にあたるダーダネルス海峡制圧を目論んだ。しかし海峡の北に位置するガリポリ半島はトルコ陸軍によって強固な要塞網が構築されていた。

大陸の戦いでは英国の参戦で陸軍戦力が均衡した。それがために西部戦線は膠着《こうちゃく》した。塹壕戦となり、攻撃より守備が圧倒的に有利となった。互いの防衛線を突破できないまま対峙《たいじ》した。どちらかが攻勢をかけるたびに夥《おびただ》しい犠牲者を出すだけであった。第一次マルヌの戦い（１９１４年９月）では英仏軍38万人独軍25万人、第一次イーペルの戦い（１９１４年10～11月）では英仏ベルギー軍約８万人、独軍約13万人の戦死戦傷者を出した。

　一方の東部戦線では、ロシア軍は劣勢を強いられていた。タンネンベルクの戦い（１９１４年８～９月）では、ロシア陸軍は圧倒的な兵力を投入しながら大敗を喫していた。ロシア軍の戦死戦傷者が７万８０００人に対してドイツ軍のそれはわずか１万４０００人だった。西部戦線の膠着、艦隊がにらみ合うだけの海の戦い、東部戦線でのロシアの劣勢。これらの状況が、ボスポラス・ダーダネルス海峡の制海権とコンスタンティノープル攻略を主張するチャーチルには追い風となった。コンスタンティノープルは黒海へ通じるボスポラス海峡に面している。艦砲射撃には脆弱《ぜいじゃく》な都市である。英国海軍艦船による、コンスタンティノープル攻撃のためには、ダーダネルス海峡を抜けマルマラ海の制海権を確保する必要があった。しかし、同海峡両岸特に北に位置するガリポリ半島にはトルコ陸軍が強力な要塞を築いており、英艦隊の航行を妨害していた。狭い水路のいたるところに機雷も敷設されていた。コンスタンティノープルを攻略するにはまずダーダネルス海峡を突破しなくてはならなかった。

ここまでの記述で、読者は不思議に思うことがあるに違いない。すでに書いたように、英国とトルコの仲は必ずしも悪くなかった。先に書いたように、クリミア戦争では英仏はトルコに加勢し、ロシアの南下を防いだ。トルコ海軍は英国の指導を受けていたし、軍艦も英国に発注していた。大陸の戦いは8月4日の英国の対独宣戦布告をもってヨーロッパ大陸の大国のほとんどを巻き込む戦いとなった。しかし、トルコは中立の立場を守っていた。同国が独墺側についたのは1914年10月29日であり、ロシアの対トルコ宣戦布告は11月1日、英仏のそれは11月5日である。トルコは必ずしも当初からの中央同盟国（独墺など）の一員ではなかった。

実は、英国の外交がまともであれば、トルコを中央同盟国側に追いやらずにすんだ可能性があった。少なくとも中立の立場をとらせることもできた。トルコを中央同盟国側に追いやったのは海軍大臣チャーチルの愚かな行動にあった。英国は1908年以来、トルコ海軍のアドバイザー役を務めていた。そのこともあってトルコは2隻の大型軍船を英国に発注していた。2隻の弩《ど》級戦艦（レシャディエ、スルタン・オスマン一世）は1914年夏に就役予定だった。チャーチルは対独戦が始まると、この2隻を合法的な手続きを取らずに徴発し、英国海軍に編入した。建造費は支払い済みであった。さらに加えてこの費用捻出にトルコ国民が募金していたのである（＊2）。

ちょうどこの時期に、地中海にいたドイツ巡洋戦艦ゲーベンと軽巡洋艦ブレスラウが、英仏海軍の追跡を逃れてマルマラ海に入った。両艦をドイツは格安の価格でトルコに譲った。指揮官も水兵もドイツ人であったがそのままトルコ海軍に編入された。ヴィルヘルム・ズーション（スション）提督はトルコ帽（フェズ）を被りそのまま指揮を続けた。トルコ陸軍は、1913年12月から、ドイツ将軍オットー・リーマン・フォン・ザンデルスを招き指導に当たらせていた。

トルコ帽（フェズ）を被ったオットー・リーマン・フォン・ザンデルス

トルコは英国に海軍を、ドイツに陸軍を指導させることで巧妙にバランスをとっていた。その均衡を崩し、トルコを中央同盟国側に追いやったのはチャーチルだったのである。

＊1：Bernhard Dernburg, *The Case of Belgium*, International Monthly New York, 1914, p3
＊2：Jenny Macleod, *Galipoli*, Oxford University Press, 2015, p9
103頁　写真：Ullstein Bild／アフロ

第二節　ガリポリ上陸作戦の失敗とチャーチルの失脚　その2：強引な作戦

チャーチルの強引なトルコ軍船の接収はトルコ国民を憤らせた。ズーション提督指揮のトルコ海軍が、黒海に展開するロシア海軍を攻撃したのは1914年10月29日のことである。これを受けてロシア英仏3国は次々とトルコに宣戦布告した（11月初頭）。

英国の陸の戦いを指導するのはホレイショ・ハーバート・キッチナー将軍（陸軍大臣）

であった。彼の構想は、今次の戦いは陸戦が中心であり、主役は陸軍、海軍はそのよきサポート役、というものだった。チャーチルは、これに不満だった。英国の介入を強引に実現させたにもかかわらず、自身が率いる海軍が脚光を浴びなければ戦功が立てられない。それでは首相への道が見えてこない。英国の歴史家ジェニー・マクレオド（英国ハル大学）は次のように書いている。

「キッチナーの構想は、野心家で空想力旺盛な海軍大臣ウィンストン・チャーチルには我慢ならなかった。（だからこそ）彼は自身の指揮下にある海軍が主役になる作戦を考えた」（＊1）

チャーチルは、「艦砲射撃でダーダネルス海峡両岸に構築された要塞を破壊できる。それができれば、水路に敷設された機雷の掃海は容易であり、マルマラ海の制海権を奪える」と考えた。この案をチャールズ・コールドウェル陸軍情報作戦部長も検討していた。彼は、ダーダネルス海峡攻略には最低でも、正規軍兵力6万が必要であると結論付けていた（9月3日）（＊2）。ヨーロッパ大陸では西部戦線の膠着が続く。この時期の英陸軍が精鋭6万を割けるはずもなかった。チャーチル案はお蔵入りになったが、チャーチルは諦めなかった。

対トルコ宣戦布告2日前の11月3日、英国艦隊はダーダネルス海峡開口部付近に展開し、両岸の要塞を10分間にわたって砲撃した。一発の砲弾が、海峡北側に位置する村（Sedd-el-Bahr：ガリポリ半島先端部）の弾薬庫に命中した。高く黒煙があがり、トルコ兵86人が死んだ。これに気をよくした英国はダーダネルス海峡攻略作戦を再検討（11月25日および30日）した。それでも、陸戦に必要となる兵力は準備できないことがわかり同じ結論となった。

2度も「実行不能」とされたダーダネルス海峡攻略作戦を復活させたのは、ロシアからの訴えだった。ロシア陸軍は、コーカサス山中でトルコ陸軍と対峙していた（サリカミシュの戦い）。トルコ戦力を分散させるために、直ちにトルコ西部で戦いを始めてほしいとニコラス大公が要請したのである（＊3）。これにチャーチルとフィッシャー提督（第一海軍卿：武官の最高位）が飛びついた。陸軍（キッチナー将軍）は、相変わらず消極的だったが、海軍（チャーチル）の要求に折れた。1915年1月28日、最高戦争評議会（War Council）は、2月19日にダーダネルス海峡攻略作戦を決行すると決めた。

当時の英陸軍が予備的に残していたのは第29師団だけであったがこの部隊の投入を決めた。これに豪州・ニュージーランド軍（ＡＮＺＡＣ軍）と海軍陸戦隊を加え、５万の兵力が用意された。フランス陸軍はオリエンタル部隊（アフリカの仏植民地人部隊）を派遣した。指揮はイアン・フレミング将軍に決まった（＊４）。フレミング将軍は、チャーチルが、陸軍騎馬隊所属時代からの知己であるだけに、この人選にもチャーチルの意向が働いていた。

艦隊の指揮を任されたのはサックビル・カルデン提督だった。チャーチルは、67隻の艦船を用意した。戦艦16隻（英12、仏４）が参加したが、中でもクイーンエリザベスは15インチ巨砲を備えた最新鋭超弩級戦艦であった。

結論を先に書いてしまえば、チャーチルの強引な作戦は失敗した。予定どおり１９１５年２月19日から始まった艦砲射撃で、トルコ軍を第二防衛線まで後退させ、３月１日に海峡水路に敷設された機雷の掃海作業を始めたが、たちまちトルコ軍の反撃があり失敗した。４月25日には、海峡北にあるガリポリ半島上陸作戦も始まったが、艦砲射撃に耐え抜いた要塞からの砲撃で、上陸部隊は海岸線にくぎ付けになった。

１９１４年秋以来、５００人規模のドイツ軍アドバイザーがトルコ陸軍の指導に当たり、ダーダネルス海峡攻撃に備えていた。1915年3月24日、ザンデルス将軍指揮のトルコ第5軍も加わった（＊5）。トルコ兵の士気は高かった。チャーチルには、英仏軍の艦砲射撃が始まれば、トルコ国民の反専制政治運動に火が付くだろうとの勝手な思い込みがあった。しかし、トルコ国民は、2隻の戦艦を道理なく接収した英国（チャーチル）の仕打ちに憤っていた。トルコ防衛軍の激しい抵抗で、なんとか上陸し海岸近くで陣を張る英仏軍はトルコ軍とにらみ合った。ここでも西部戦線と同じ塹壕戦となり戦いは長期化した。

1915年8月、ハミルトン将軍は大攻勢をかけたが失敗し更迭された（10月）。後任のチャールズ・モンロー准将は撤退を決め了承された。12月7日から始まった撤退作戦は年が明けた1916年1月9日に終了した。チャーチルの自己の栄達という利己的な動機から始まったダーダネルス海峡攻略作戦は失敗した。

「ガリポリ上陸作戦は、協商国側（英仏）に18万7959人、トルコ側に16万1828人の戦死傷者を出した。この戦いはトルコの偉大なる勝利と理解された。この作戦の失敗でチャーチルは海軍大臣の座を追われ、アスキス内閣は崩壊することになった」（＊6）

ガリポリ上陸作戦

英国は、チャーチルら少数の強硬派閣僚による工作で大陸の戦いに介入した。西部戦線の膠着とガリポリ上陸作戦の失敗で、戦いの長期化は確実になった。１９１５年5月以来、野党保守党は、挙国一致内閣に参加し戦争に協力していた。しかし次第にアスキス首相の指導力に疑念を深めていった。チャーチルの強引なガリポリ上陸作戦の失敗にも憤った。チャーチルは保守党議員としてデビューした（１９００年）が、１９０4年には自由党に鞍替えし、党を裏切っていた。爾来《じらい》、保守党はチャーチルを蛇蝎《だかつ》の如く嫌っていた。その空気を感じたチャーチルは１９１５年11月15日辞任した。

＊１：*Galipoli*, p11

＊2、3：同右、p12
＊4：同右、pp16-17
＊5：同右、p18
＊6：Kennedy Hickman, World War I: Battle of Gallipoli, December 03, 2018
https://www.thoughtco.com/world-war-i-battle-of-gallipoli-2361403
109頁　写真：Mary Evans Picture Library／アフロ

第三節　チャーチルの米国参戦工作
その1：Uボートと暗号解読

協商国と中央同盟国の力がバランスしてしまった大きな要因の一つにアメリカの英国支援があった。米国は中立国という立場であったが、英国は豊富な資金を惜しみなくつぎ込み大量の軍需品を買い付けた。米国は英国の「よきパートナー（軍需品生産基地）」となっていた。アメリカでは、モルガン商会が英国御用商人として受注を一括引き受けし効率的な発注に協力した。ドイツも米国からの買い付けは形式上可能であったが、大西洋の制海権を英国が握っている以上、米国からの買い付けは不可能だった。

ドイツは、英国への海上補給路を断つことで、戦いの長期化にけりをつけたかった。優位にある潜水艦部隊（Uボート）を利用して、米国からの軍需物資供給ルートを遮断するのである。チャーチルは、ドイツの狙いを逆手にとる作戦を考えた。Uボートによる攻撃で米国人の犠牲者を出させるのである。憤った米国が参戦すれば、勢力均衡はたちまち崩れ、協商国側の勝利は確実となる。戦場での物理的戦いよりも重要な外交戦争をチャーチルは仕掛けた。

米国にはヨーロッパ大陸紛争非干渉の伝統（モンロードクトリン）があった。当時の米国では、元大統領セオドア・ルーズベルトらが、英国側に立つ参戦を主張してはいたが、少数勢力であった。だからこそチャーチルは、「米国世論は米国人が死ねばその世論は変わる」と考えた。

先に書いたように、英国は戦いの始まりと同時に、圧倒的な海軍力でドイツ港湾を封鎖した。ドイツの艦船だけでなく中立国の商船や食料を運ぶ貨物船もドイツへの寄港が封じられた。その結果、77万ほどのドイツ民間人が飢死した（＊1）。英国のこの措置は、1909年に規定された国際法に違反していた。交戦国は、この規定で定義された武器の輸出入には戦時禁制品として扱えるが、そうでない食料品や衣料は非禁制品として交易が許されていたのである。この国際法を無視してすべての品目の動きを止めたのが英国海軍（チャーチル）だった。ヘルマン・バウアー（Uボート潜水艦隊司令）は、対抗措置として英国・アイルランド島周辺を交戦海域に指定することを提案した。交戦国だけでなく中立国の商船や貨物船が英国港湾に入ることを阻止するためであり、英国の港湾封鎖に「目には目を、歯には歯を」での対抗だった。

ベートマン独首相も独外務省もこの提案にしり込みした。中立国、特に米国の不興を買うことを恐れた。しかし、英国による港湾封鎖に憤る国民世論や新聞は対抗措置を強く望んだ。１９１５年2月4日、ヴィルヘルム二世が、バウアー提案を採用し、Uボートによる攻撃を決断した。この日ヴィルヘルム二世は、「2月18日以降、英国・アイルランド島のドイツが指定する交戦海域に入る船舶は中立国であっても攻撃する」と宣言した。米国政府はこれに強く抗議したが、英国のドイツ港湾封鎖を容認している以上、二枚舌的であり効果は期待できなかった。

英国海軍にとって、Uボートはそれなりの脅威ではあったが、それに十分に対抗できる能力があった。彼らはすでに、ドイツ海軍無線暗号（SKM Code）の解読に成功していた。

Uボートが母港にその位置や行動計画を知らせる無線を傍受することで、おおよその行動を推測できた。

英国海軍が、SKM暗号表を入手できたのは偶然だった。1914年8月26日早朝、ドイツ軽巡洋艦マクデブルクがフィンランド湾開口部南に位置するオスムサール島灯台（現エストニア）付近で座礁沈没した。ロシア海軍装甲巡洋艦パラダ（Pallada）、防護巡洋艦ボガティール（Bogatyr）の追尾から逃れようとしての事故であった。しばらくすると、一人のドイツ兵の死体が海岸に打ち上げられた。無線士だったようで彼は、分厚い書類を抱えて死んでいた。それが3万4000余りの3文字の意味を示す暗号表であった。例えばFCJはリバプールを、MUDはナンタケット（米国マサチューセッツ州の島）を意味していた。ロシア海軍はこれ以外にも2冊の暗号表を入手し、その一つを英国海軍に譲っていた（1914年12月）（＊2）。

暗号表を譲り受けたのはロンドンにある通称Room40と呼ばれる海軍暗号解読組織だった。海軍省1階にあり、ウィリアム・ホール提督が指揮していた。総計で9人の海軍幹部が関与し、解読情報はチャーチル大臣に届けられた。ホール提督は、傍受した暗号はすべて解読するよう命じていた（＊3）。提督は特異な能力を持った男や女を民間から選り

Room40の実務責任者ウィリアム・ホール提督

すぐった。牧師、証券ブローカー、大学教授、銀行家など非軍人の「素人」ばかりだったが謎ときには不思議な能力を持つものばかりだった。

Ｒｏｏｍ40は、ＳＫＭ暗号表だけでなく、似たような偶然で、ＨＶＤ暗号表とＶＢ暗号表も入手した。１９１４年末までに英国海軍は、ドイツ海軍の使用する暗号のすべてを解読できる能力を持った（＊４）。

英国汽船会社は、ドイツの警告があっても大西洋航路の運航を続けた。その理由はUボートの数は少ないと考えられていたからである。実際、１９１５年5月の時点で運用できるUボートは25隻だった。航海のたびに修理を要したから、一時期に同時に作戦行動できるUボートはわずか7隻だった（＊５）。またUボートの性能は高いとは言えなかった。特にそのスピードに問題があった。

潜水時にはバッテリー2基が動力源になるがスピードはわずか9ノット（時速15㎞弱）で最大80海里（約１５０㎞）の潜航がやっとだった。バッテリーはディーゼルエンジン走行時に充電する。そのため、Uボートの行動のほとんどが水面での航行であった。その場合は、最大航続距離７０００海里（約１万３０００㎞）で最大速力は15ノットであった。当時の新鋭大型汽船は24ノットから26ノットで航行できた。これが、汽船会社がドル箱の大西洋航路の運航を止めなかった理由である。

＊１：Germany declares war zone around British Isles https://www.history.com/this-day-in-history/germany-declares-war-zone-around-british-isles

＊２：Erik Larson, *Dead Wake*, Crown, 2015, p78

＊３：同右、p84

＊４：Arthur S. Ward, Room40: British Naval Intelligence, 1914-1918, The Journal of Histrical Review, Spring 1986,p119

＊５：*Dead Wake*,p56

第四節　チャーチルの米国参戦工作
その2：利用された客船「ルシタニア」号

ドイツ駐米大使館は、米国の世論を気にしていた。英国の港湾封鎖に対する当然の対抗措置であるとはいえ、客船や貨物船の撃沈で、米国民が犠牲になるようなことは避けたかった。英汽船会社は大西洋航路の運航を止めようとしなかったが、ドイツ大使館は、新聞を使い、英国などの協商国の船舶利用を止めるよう警告した。4月22日、独政府の警告は米国の複数の新聞に掲載された（＊1）。

警告

大西洋航路を利用する旅行者におかれては、現在、ドイツ帝国（とその同盟国）と英国（と協商国）とが戦争状態にあることを理解されたし。交戦海域には英国諸島（注：含アイルランド）周辺が含まれている。同海域においては、英国旗あるいはその同盟国旗を掲げる船舶は、ドイツ帝国政府の警告どおり、破壊されることになる。英国およびその同盟国の船舶を利用する旅行者は、そのリスクを覚悟されたし。

フォン・ベルンストルフ伯爵（ドイツ大使）
在ワシントン・ドイツ帝国大使館
1915年4月22日

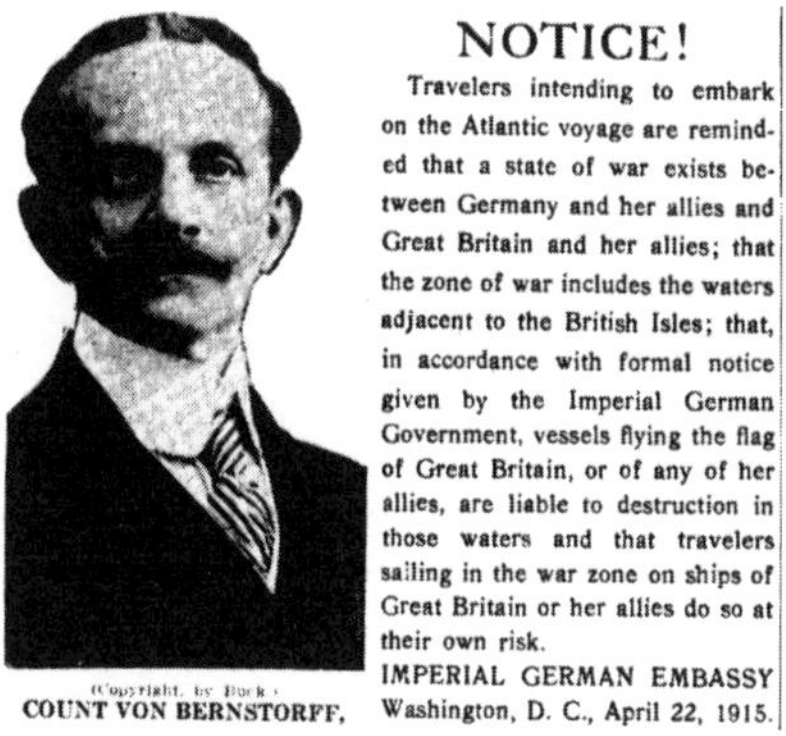
NOTICE!

Travelers intending to embark on the Atlantic voyage are reminded that a state of war exists between Germany and her allies and Great Britain and her allies; that the zone of war includes the waters adjacent to the British Isles; that, in accordance with formal notice given by the Imperial German Government, vessels flying the flag of Great Britain, or of any of her allies, are liable to destruction in those waters and that travelers sailing in the war zone on ships of Great Britain or her allies do so at their own risk.

IMPERIAL GERMAN EMBASSY
Washington, D. C., April 22, 1915.

COUNT VON BERNSTORFF,

米国の新聞に掲載された独政府警告　1914年4月22日（＊2）

英国キュナード汽船も大西洋航路の運航を止めなかった。同社の誇る客船ルシタニア号がニューヨーク・マンハッタン島西岸の54番埠頭をあとにしたのは5月1日（土曜日）のことである。キュナード汽船は、所有客船に古代国家の名を付けるのがならいで、ルシタニアとはかつてイベリア半島に存在した地方国家（ローマ帝国所属）だった。ニューヨークの新聞各紙にはこの日もドイツ大使館の警告が掲載されていた。

ルシタニア号は、1907年に就役した大型客船

（4万4000トン）で、4基の蒸気タービンの出力は7万6000馬力。最大スピードは約30ノット。同船よりも新しい船はすでに軍事転用されていたため、当時、大西洋航路を走る客船では最もスピードが速かった（＊3）。

同船には乗客乗員合わせておよそ2000人が乗っていた。ドイツ大使館の警告にもかかわらずほぼ満席の利用客がいたのは、そのスピードにあった。先に書いたようにUボートは水上航行でも15ノットに過ぎない。潜航すればわずか9ノットの速度である。乗客は、Uボートに発見されても、ルシタニア号は、容易にその追尾から逃れられると考えた。ドイツ大使館の警告を見た乗客の中には、その恐怖を語り合うものがいたが、「大丈夫なはずだという根拠のない期待」が勝っていた。

ところが、乗客には知らされていない情報があった。スピードが売りのルシタニア号であるにもかかわらずキュナード汽船は、ウィリアム・ターナー船長に25基のボイラーのうち6基を止めて航行することを命じていたのである。そうすることで1回の航海で1600トンの燃料石炭が節約ができた。その結果、通常の航行速度は25ノットから21ノットに落ちた（＊4）。

もう一つ乗客の知らない事実があった。同船は、大量の軍需品を運んでいたのである。

キュナード汽船がニューヨーク税関にカーゴ・マニフェスト（積荷目録）最終版を提出したのは、ルシタニア号出港後だった（5月5日）。同目録に添付された明細書には以下の軍用品が追加記載されていた（＊5）。

アルミ粉　94箱
ブロンズ粉　50箱
砲弾（ベスレヘムスチール社製）　１２５０箱
レミントンライフル用弾丸　４２００箱（１７０トン）

英国は、２０００人が乗る客船を「軍用貨物船」として利用していたのである。同船が実際に弾薬等の軍需品を積載していたことは２００６年のダイビング調査で確定した（＊6、＊7）。乗客は、法的には軍船に分類される貨物船に乗っていたのである。

在ワシントンドイツ大使館の警告から3日経った4月25日、ドイツ潜水艦隊司令官ヘルマン・バウアーは、３隻のUボート（U－20、U－27、U－30）に出撃命令を出した。U－30にはダートマス港沖海域（イギリス海峡に面した英国の港湾）を、U－20、U－27に

from the trenches

Lusitania's Secret Cargo

Volume 62 Number 1, January/February 2009

by Erin Mullally

The nearly century-old debate about whether the passenger liner *Lusitania* was transporting British war munitions when torpedoed by a German U-boat is over. Physical evidence of just such a cargo has been recovered from the wreck, which rests 12 miles off the Irish coast in 300 feet of murky, turbulent water.

Bullets from the ship now confirm it was carrying military cargo. (Courtesy Eoin McGarry)

Lusitania was sunk off County Cork on May 7, 1915. The attack killed 1,198 people, including 128 Americans, and helped push the United States into World War I. Ever since the ship went down, there have been suspicions that *Lusitania* was carrying live munitions. Under the rules of war, that would have made the liner a legitimate target, as the Germans maintained at the time.

The British government has always been evasive about the presence of munitions on *Lusitania*. Two cargo manifests were submitted; the second, filed after the ship sailed, indicated there were light munitions on board. Some believe the ship was carrying much more, however, and that the British Navy attempted to destroy the wreck in the 1950s to conceal its military cargo.

Now a team led by County Waterford-based diver Eoin McGarry, on behalf of *Lusitania*'s American owner, Gregg Bemis, has recovered live ammunition from the wreck. Bemis was granted a five-year license in 2007 by the Irish government to conduct limited excavations at the site. He originally bought the vessel in 1968 for $2,400 from the Liverpool & London War Risks Insurance Association.

This past September, Bemis's team used a remotely operated vehicle to penetrate the wreck. They were able to clearly identify a vast amount of ammunition in an area of *Lusitania* not believed to have carried cargo. The Remington .303 caliber bullets the team discovered on the ship had been used by the British military during World War I. Ten of the bullets were brought to the surface.

"Further research needs to be conducted, but if the discovered ammunition was found in an area where cargo was not known to be stored on board, it strongly supports the argument that the *Lusitania* was functioning as more than a passenger liner," says Fionnbar Moore, senior archaeologist with the Underwater Archaeology Unit of the Irish Department of Environment, which monitored the dive.

The bullets are in the hands of Irish authorities, who under maritime law are now responsible for establishing their owner. Further expeditions will search for additional evidence of munitions.

"The charge that the *Lusitania* was carrying war materiel is valid," says Bemis. "She was a legitimate target for the German submarine."

© 2009 by the Archaeological Institute of America
archive.archaeology.org/0901/trenches/lusitania.html

沈没したルシタニア号の船内からレミントンの弾丸が発見された
https://archive.archaeology.org/0901/trenches/lusitania.html

はアイルランド島と英国本島を分かつアイルランド海およびブリストル海峡を作戦行動域とすることを命じた（＊8）。

4月30日早朝6時、作戦準備の整ったU－20がドイツ北東部の軍港エムデンを密かに出港した。U－20は、北海を北上し、ひらがなの「の」の字を逆になぞるように英国諸島北方沖、アイルランド島西岸沖を航行し、同島南部から指示された海域に入った。U－30は、タンカー「ガルフライト」を大破させる成果を上げ、5月4日には任務を終え寄港した。U－27は出港後すぐに不具合があり帰港していた。ルシタニア号が英国諸島に近づいている頃、U－20がアイルランド海域で作戦行動についていた唯一のUボートだった（＊9）。

＊1：Sinking of the Lusitania: Topics in Chronicling America, Library of Congress
https://guides.loc.gov/chronicling-america-lusitania-sinking
＊2：1915年4月22日付駐米ドイツ大使館による警告広報
https://blogs.loc.gov/law/files/2015/05/German-Imperial-Embassy-Warning-Relating-to-Lusitania.jpg
＊3：*Dead Wake*,p8
＊4：同右、p130
＊5：Lusitania Controversy - Introduction and Chronology：III. Armament and Cargo
http://www.gwpda.org/naval/lusika03.htm
＊6：Irish diving team finds munitions on wreck of the 'Lusitania,' The Irish Times, July 13, 2006
＊7：Bill Browne, Blackwater diver finds 'smoking gun' ammo on sunken Lusitania, The Corkman, October 3, 2008
＊8、9：Lusitania Controversy - Introduction and Chronology：IV. Warning and Conspiracy　http://www.gwpda.org/naval/lusika04.htm

第五節　チャーチルの米国参戦工作
その3：未必の故意

5月7日午後2時10分、U－20から放たれた一発の魚雷が、アイルランド海に向けて進むルシタニア号に命中した。この18分後に巨大な船体は水中に没し、乗客乗員合わせて1198人が死んだ。米国籍乗客の犠牲者は124人であった（＊1）。

この日、ルシタニア号のターナー船長は、12時半頃から、同船の正確な航行位置を割り出すためにアイルランド島南岸の海岸線を視認しながら陸地に並行して航行していた。船長は、位置測定に4点方位法を使っていた。沿岸部に目標物を定め船首から45度で見えた時から、それが90度に見える時までの距離を計算することで船の位置がわかる。この間はスピードを一定に保つ必要がある。ターナー船長は、正確な位置の計測が終わると、速度を18ノットに落とした。船長はリバプール沖に満潮時に到着したかった。同港沖にはマーシー・バーと呼ばれる浅瀬があった。座礁の危険を回避したかったのである。リバプールまで残すところ16時間であった（＊3）。空は快晴で、水面は鏡のように穏やかだった。

スピードを落としたルシタニアを、U－20の潜望鏡がとらえたのは午後1時半頃のこと

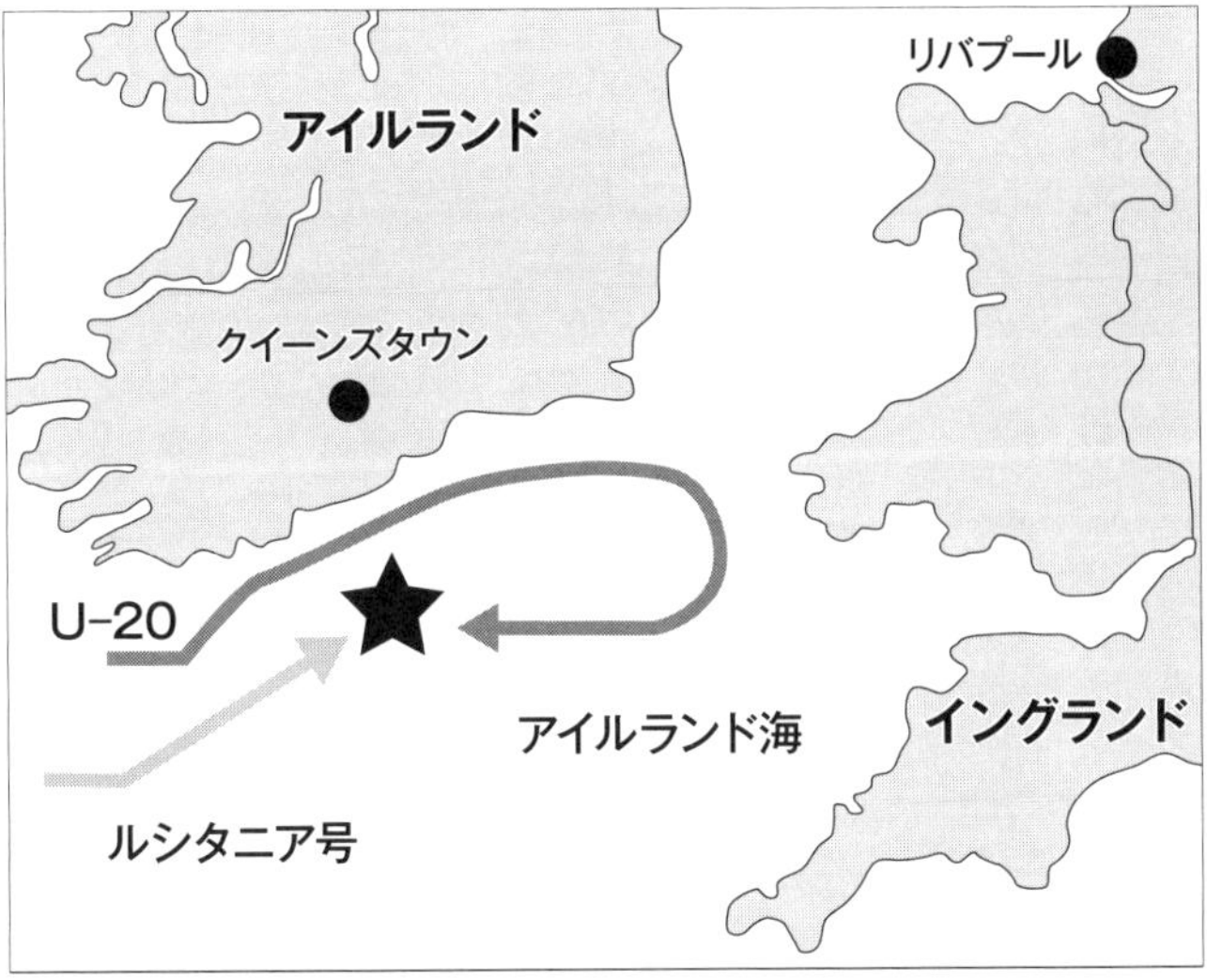

星印が撃沈現場：軍港クイーンズタウン（現コーヴ）から南西60㎞にある岬（オールドヘッドオブキンセール）の19㎞沖（＊2）

である。艦長ヴァルター・シュヴィーゲルは、ルシタニアがU－20の方向に進行してくるのを確認すると、直ちに同船と90度に相対する位置につける航路をとった。うまくすれば待ち受ける形になるだけに操舵次第で魚雷発射に最適な位置をとれる。シュヴィーゲル艦長は直ちに、ルシタニアの速度を計算し、魚雷発射のタイミングを計った。魚雷の航行深度は3mに設定した。2時10分、艦長は発射命令を下した。圧縮空気を利用した魚雷は時速44ノット（約80㎞）で進む。発射命令時点でのルシタニアとの距離はおよそ700mだったから、32秒ほどで同船に命中する計算であった。そしてそのとおりになった。U－20の艦内に「命中！」の歓声が沸いた。

先に書いたように、ドイツ大使館は英国籍客船利用に繰り返し警告していた。Room40は、Uボートの行動を高い精度で追っていた。ルシタニアが海底に沈む前の7日間で英国諸島周辺で計23の商船へのUボート攻撃があり、そのうちの3件はU－20によるものだった。そうした情報がありながら海軍省はルシタニアの安全を確保する行動をとらなかった（＊4）。危険海域に入ったらジグザグ航法を命じたことぐらいだった。しかもターナー船長は、それすら守っていなかった。

この日、英国海軍は、ダベンポート港（英国本島西南岸の港）で修理を終えた超弩級戦艦オライオンにスカパフロウへの回航を命じていた。オライオンには4隻の駆逐艦をつけていた。任務を終えた駆逐艦は、ルシタニアの航路近くにいただけに、命令さえあれば、同船のエスコートも可能だった。

現在では少なくない数の歴史家が、チャーチルの未必の故意を疑っている。先に書いたように、ドイツの潜水艦攻撃は1915年2月18日から始まった。当然ながら、大西洋航路を運航する船舶は激減した。チャーチルは、これを残念がり、友人のウォルター・ランチマン（商務庁長官）に次のように語っていた。

「中立国の船舶を我が国沿岸に惹きつけることが肝要だ。特に米国の船がドイツとのごたごたに巻き込まれるのがよい」、「大西洋航路を利用する船舶は多いほどベターだ。そのうちの数隻でもトラブルに巻き込まれればなおよい」（＊5）

「誰も口には出さなかったが、英国は米国の協商側に立った参戦を望んでいた。そうなれば勢力の均衡は崩れる」（エリック・ラーソン、米国の歴史家）（＊6）のである。5月10日、英国議会はルシタニア号沈没を問題視し、海軍の責任を追及した。チャーチルは、「商船は自らの責任で身を守らねばならない」と平然と答え、Ｒｏｏｍ40がＵ－20の動きを追尾していることを伏せた。この組織の存在は敵国には知られてはならなかった。第二次世界大戦期、英国海軍の諜報業務に携わった経験を持つ歴史家パトリック・ビーズレイはチャーチルへの憤りを隠せない。

「私は、英国海軍をこよなく愛する。この事故（ルシタニア号撃沈）は、（船長の）重過失によるものだと信じたい。故意にルシタニアを危険に晒す謀略があったなどとは考えたくもない。しかし今明らかになっている情報を勘案すれば、悪だくみは確かにあった。ルシタニア号を危険に晒し（Uボートに攻撃させて）、米国を参戦させるという謀略の存在である。残念だがそれを認めないわけにはいかない」（＊7）

チャーチルという政治家は冷酷である。第二次世界大戦の際にも、米国の参戦を狙う数々の謀略を仕掛けた。広島への原爆投下に、躊躇いを見せていたトルーマンの背中を押したのも彼であった。日本にはチャーチル好きが多いが、戦後構築されたチャーチル神話の虚構に気づいていない。

＊1：Martin Kelly, The Sinking of the Lusitania and America's Entry into World War I, Thought Co., March 8, 2017
https://www.thoughtco.com/sinking-of-the-lusitania-americas-wwi-4049180
＊2：*Dead Wake*,p276
＊3：同右、p233
＊4：John Spain, Winston Churchill was responsible by inaction for tragic Lusitania

sinking, Irish Central, May 07, 2020
https://www.irishcentral.com/roots/history/winston-churchill-responsible-lusitania
＊5、6：*Dead Wake*,p190
＊7：同右、p324

第六節　動かなかったウィルソン政権

ウッドロー・ウィルソンが、1912年の大統領選挙で当選した背景には、米国金融資本家の思惑があった。彼らの宿願は中央銀行の設立だった。資本主義体制下では好不況の波が必然的に現れる。筆者の信じるオーストリア学派の経済学は、この波こそが、失敗した（非生産的な）投資プロジェクトを是正する経済の自然な営みだと考える。非合理的投資（融資）を実施した金融機関を淘汰する健全なプロセスが不況だと理解する。モルガン商会に代表される米国金融資本は、それを嫌った。なんとしても中央銀行を設立して、経営に失敗した銀行であっても救済すると決めた。それが金融危機への究極の処方箋《しょほうせん》だと信じていた。

米国は、長い間、中央銀行の設立を拒否してきた。紙幣（通貨）発行を認められた民間銀行に十分な準備率を持たせたうえで、独自の銀行券の発券を許した。そうすることで、貨幣の流通総量を市場の需要（神の手）で調整させた。放漫経営の銀行券は市場で自然淘汰（駆逐）された。銀行間取引（決済）はボストンのサフォーク銀行（Suffolk Bank）が担っていた。

米国金融資本家は1912年の大統領選挙に向けて、経済学に無知な候補者を探した。そのお眼鏡にかなった人物がウッドロー・ウィルソン（ニュージャージー州知事、元プリンストン大学学長）だった。政治学が専門のウィルソンを大統領候補に引っ張り出したのは、エドワード・マンデル・ハウスだった（＊1）。ハウスは、JPモルガン商会と関係の深い人物である。彼らが願ったようにウィルソンは経済学に無知だった。ウィルソン政権初年度（1913年）の12月23日、アメリカは遂に中央銀行（連邦準備銀行）を可能にする法律（Federal Reserve Act）を成立させた。反対派議員がクリスマス休暇でワシントンから消えていた時期を狙った狡猾《こうかつ》な手法だった。

ヨーロッパの戦いが始まると、米国は英仏露協商国の軍事工場と化したと書いたが、そうなることを可能にしたのが、連邦準備銀行だった。連邦準備銀行の名称は、政府機関であるかのような響きを持つが、れっきとした民間銀行であり、ウォール街の大手民間銀行が株主である。ヨーロッパからの軍需品受注で米国兵器産業の資金需要は旺盛だった。銀行はそれに応えた。中央銀行の存在が彼らの融資に弾みをつけていた。無理した貸し出しであっても連邦準備銀行からの救済が期待できた。

ウィルソン大統領は、ハウスを国務長官にしたかった。ハウスが就任を固辞したことからウィリアム・ジェニングス・ブライアンを充てた。それでも、ハウスは大統領の私的アドバイザーに任用され、同政権に強い影響力を持った。ヨーロッパの戦いが始まると、ウィルソンはハウスをロンドンに遣った。

エドワード・マンデル・ハウス（ウッドロー・ウィルソン大統領の私的アドバイザー：1858～1938）

ルシタニアへの攻撃があったその日、ハウスはロンドンの王立キュー植物園にいた。英国が世界中から収集した植物が栽培される英国有数の植物研究施設である。この日は春の花々が咲き誇っていた。ハウスの散策に同伴したのはエドワード・グレイ外相だった。先に書いたように、グレイは対独強硬派であり、チャーチルとともに、非介入が大勢だった閣論を覆し対独戦争を実現した男である。二人はUボートの脅威を語り合った。この時の会話をハウスは記録している。

「客船が（Uボートによって）沈む可能性について語り合った。私（ハウス）は、『もしそんなことが起きたら、ドイツへの憤りが国中（米国）に溢れるでしょう。そうなれば我が国も参戦することになるかもしれません』とグレイに伝えた」（＊2）

二人はこの後バッキンガム宮殿に向かった。ジョージ五世の関心も、客船が沈む可能性にあった。

「もし奴ら（ドイツ）が、米国人の乗るルシタニアを沈めたらどうなるかね?」（＊3）

これにハウスがどう答えたかはわからないが、グレイへのそれと同じであったに違いない。前節で、チャーチルの未必の故意の可能性について書いた。「ルシタニアが攻撃され、米国人が死ぬようなことがあれば、米国の参戦が期待される」という思いの存在は、チャーチルだけのものではなかった。

彼らの「期待どおり」、ルシタニアは沈み、米国人124人が死んだ。ところが、米国は動かなかった。「まだ動けなかった」と書くほうが正確かもしれない。前年（1914年）の8月4日、ウィルソン大統領は中立宣言を高らかに発していた。

「我が国は形だけでなく、実質的にも中立でなくてはならない。これからはわれわれの辛抱が試される。感情で動くようなことは控えなくてはならない」（＊4）

たしかに英国が「期待」したように、米国世論はルシタニアの撃沈に憤った。ほとんどの国民が、ドイツの事前警告に関心がなかったし、同船が軍需品を積んでいたことも知らなかった。しかしその怒りは対独戦争を覚悟させるには程遠いものだった。ウィルソンも自身の言葉に縛られていた。彼は、この頃には対独参戦を決めていたと思われるが、ブライアン国務長官がヨーロッパ大陸の揉め事への介入に断固反対していた。長官は、「（ドイツの）警告にもかかわらず交戦国（英国）の客船を使う米国人にも責任はある」と考えた。

ウィルソン大統領の干渉主義に反対し辞任したウィリアム・ジェニングス・ブライアン国務長官（1860～1925）

ベルンストルフ独大使に、両国は友好関係にあることを念押ししたうえで、事件の詳細を説明するよう求めた。

ウィルソンは、ブライアンに不満だった。大統領は、露骨にドイツを非難する抗議書を用意した。「男も女もそして子供までも死に至らしめる行為は、これまでなかったことである」（＊5）と書き、中立国（米国）の権利をしっかりと守れと警告する内容だった。余りの強い調子に憤ったブライアン長官は、その文書への署名を拒み辞任した（1915年6月9日）。ドイツは、ブライアンには、「ルシタニアが武器を積載していた。したがって撃沈は正当な行為だった」と回答していた。

ブライアンに代わって、ロバート・ランシングが国務長官についた。国際法務のエキスパートだったが、典型的な干渉主義者だった。ブライアン国務長官の辞任で、米国とドイツの衝突は既定路線となった。

＊１：John Christian Ryter, When the Invisible Power Chooses to be Seen, News With Views, August 16, 2006
https://newswithviews.com/Ryter/jon147.htm
＊２、３：*Dead Wake*,p227
＊４、５：Oona A. Hathaway & Scott J.Shapiro, *The Internationalists*, Simon & Schuster, 2017, p103

第七節　ウィルソンの再選とロシアの不穏な動き

ランシングを国務長官に迎えて以降のウィルソンの対独批難は激しさを増した。「直ちに客船貨物船への潜水艦攻撃を停止しなければ、米国はドイツ帝国との外交関係を絶つ」（１９１６年４月）（＊１）と伝え、宣戦布告一歩手前まで踏み込んだ。干渉主義者には鬱陶しい存在だったブライアンが閣内から去ったことで、ウィルソンの好戦的態度にブレーキがかからなくなった。チャーチルの「仕掛けた」ルシタニア号事件の成果だった。

ウィルソン政権は、ドイツの潜水艦攻撃には激しく抗議し、中立国の権利を尊重するよう求める一方で、英国のドイツ港湾封鎖にはだんまりだった。英国は、食料を運ぶ中立国の船舶がドイツ港湾に入ることまで禁じていた。食料品は戦時の禁制品ではないだけに、国際法違反であった。米国は、この時点で、交戦国に対して偏りのない行動が規定される中立国の条件に違背していた。

チャーチルらの「謀略」は道半ばではあったが一定の成果を生んだ。しかし、米国の対独宣戦布告までは持ち込めなかった。さら加えて、英国には「残念なことに」、1916年6月、ヴィルヘルム二世は、海軍強硬派を抑え込んで、客船への攻撃を中止させてしまった。皇帝の決定に納得できなかったドイツ海軍ティルピッツ提督は辞任した。海軍も英国諸島周辺の作戦行動を一時停止し皇帝に不快感を伝えた（＊2）。

1916年は米大統領選挙の年であった。共和党は、最高裁判所陪席判事のチャールズ・ヒューズを擁立した。当時の共和党は、大の英国好きであるセオドア・ルーズベルト元大統領（干渉主義者）の影響力が残っており、対独宣戦布告に前向きだった。ウィルソンは、非干渉を望む世論をよくわかっていた。本音は介入であったが、選挙に勝利するには非干渉主義のメッセージを込めた選挙スローガン（公約）が必要だった。選挙参謀は、「He has kept us out of war」なるいささか奇妙なメッセージを編み出した。

意訳すれば、「彼（ウィルソン）のおかげで戦争せずに済んだ」となる。「will keep」とせず故意に完了形にしている。ヨーロッパの揉め事に「干渉しない」とは述べてはいない。ウィルソンの秘書の一人、ジョセフ・タマルティは、「has kept」の使用には思惑（非干渉を公約にしない）があったと回顧録（＊3）に記している。

いずれにせよこの選挙スローガンは功を奏し、ウィルソンは大統領選に辛勝した（1916年11月7日、選挙人数：277対254）。戦争を嫌う国民を欺《あざむ》いて再選を果たしたウィルソンが、ヨーロッパの戦いに介入するには、世論を変える大事件が必要となった。

この頃、ウィルソンの望む「事件」の種がロシアで生まれていた。このことを歴史の高みに立つ後世の歴史家は知っているが、同時代人はロシア国内の動きをほとんど知らなかった。ロシア陸軍は、ドイツ軍に劣勢を強いられていた。1916年当時のロシア陸軍の状況は、同時代人のウィリアム・シムス（UP通信ペトログラード特派員）が詳細に伝えている（1916年7月1日）（＊4）。

ロシア陸軍の弱点は機動力の欠如にあった。兵力の数は十分だったが、ロシアの鉄道網

ウィルソン陣営が1916年大統領選挙に用意した選挙バッジ

は脆弱だった。そのため、徴兵された兵士は、最寄りの鉄道駅までの長い距離を歩かなくてはならなかった。軍は、前線へのタイムリーな部隊配置や兵站の確保に苦労した。それでもロシア陸軍は、英仏首脳をそれなりに満足させる戦いを続け、ドイツ陸軍の東進を防いでいた。

この時期のロシアの問題は内政にあった。戦争は一般庶民に大きな犠牲を強いる。戦いが長引く中で、都市部では食料品価格が高騰していた。人口200万人強を擁していた首都ペトログラードでそれが著しかった。パレオローグ仏駐露大使は、戦いが始まってからの2年間で、卵は4倍、バターは5倍になったと日記に残している（1916年9月）（＊5）。

国民の声を代表する議会（ドゥーマ）が成立していたとはいえ、内政も外交もニコライ二世の専制体制は続いていた。皇帝は、1915年8月以来、参謀本部の置かれたマヒリョウ（Mogilev）で陣頭指揮をとることが増えた。そのため、首都ペトログラードを頻繁に留守にした。1916年2月、皇帝は、内政を任せていた宰相イワン・ゴレムイキンを解任し、ボリス・スチュルメル（外相）を充てた。アレキサンドラ皇后と彼女の寵愛を受ける祈禱僧《きとうそう》グリゴリー・ラスプーチンの推薦だった。皇帝の留守中の権力は皇后にあったから、彼女は使いやすい政治家を選んでいた。

当時、ペトログラードに住んでいた言語学者ハロルド・ウィリアムス（英国外務省エージェント）が、「彼ほどの腐敗役人はめったにいない」と酷評しているように、スチュルメルの評判は悪かった。立憲民主党党首パーヴェル・ミリューコフは、「彼（スチュルメル）は、すべての点において無知である」と罵《ののし》り、このような人物を首相に推したアレキサンドラ皇后とラスプーチンを責めた。

1916年のロシア内政を巡る「ごたごた」が、翌年から始まる一連の反政府活動の火種となって燻《くすぶ》り始めていた。これが、ウィルソン大統領の期待していた「米国世論を参戦止む無し」に変える大きな事件（ロシア革命）に発展する。

＊1：*The Internationalists*, p464
＊2：*Dead Wake*,p333
＊3：Joseph P. Tumulty, *Woodrow Wilson As I Knew Him*, Doubleday, 1921

＊4：William Philip Simms, The Russian Army in 1916, July 1, 1916
https://www.upi.com/Archives/1916/07/01/The-Russian-Army-in-1916/5108534149719/

＊5：*Lenin on the Train*, p36

第四章　ロシア革命を巡る米英の思惑

第一節　国民のアレキサンドラ皇后・ラスプーチン嫌い

アレキサンドラ皇后は、もう一人の寵臣アレキサンドル・プロトポポフを内相につけた（1916年9月）。彼の阿諛《あゆ》追従はよく知られていた。彼の精神錯乱も周知となっていた。梅毒の病が進行していたのである。ストックホルム訪問時に、ドイツのスパイと思われる人物と何事かを話し合ったとの噂もあった（＊1）。

皇后は、ヨーロッパ貴族の複雑な血縁の典型であった。父はルートヴィヒ四世（ヘッセン大公：同大公国はドイツ中央部にありドイツ帝国の一部だった）であり、母アリスは英国ビクトリア女王の次女であった。「美しい女性であったが、冷たいところがあり、強情で、迷信深かった。そのせいか、思考に現実離れしたところがあった」。（＊2）

ニコライ二世の臣下の多くが、彼女の政治判断を疑っており、帝国の政治改革が遅れているのは彼女に原因があると考えられていた。彼女には英独の血が均等に流れ、ロシア人ではなかったものの、夫への深い愛情があった。ロシア文化（ロマノフ王朝）の伝統を誇りにし、ロシア国民には皇帝への絶対的信頼があると信じていた。だからこそ政治改革に関心が薄かった。彼女は他者からの批判を極端に嫌った（＊3）。

二人の間に長男アレキセイが生まれたのは1904年8月のことである。4人の女子に続いてようやく生まれた世継ぎだった。しかし、血友病という難病を抱えて誕生した。ビクトリア女王の家系に特徴的な遺伝的病《やまい》だった。複数ある血液凝固因子のどれかに難がある病気で、体外で出血すれば、凝固が遅く血が流れ続ける。体内（筋肉内、関節内）での出血も頻繁にあり、そうなると強い痛みを生じ、慢性化すれば関節が動かなくなる。

現在では原因も明らかになっており治療可能だが難病であることに変わりはない。生後間もなく、アレキサンドラは皇子の病に気づき、パニックに陥った。侍医たちは治療できなかっただけに彼女の悲嘆は深かった。

アレキサンドラ皇后（1872〜1918）

ニコライ二世にとってこの時期の精神的重圧は相当なものがあった。アレキセイ誕生の半年前には日本との戦いが始まり（2月8日）、劣勢が続いていた。皇后の産後の健康もすぐれなかった。1905年に入ると、ソーシャルイベントに参加することは少なくなった。皇帝も彼女に引きずられるように、家族と暮らす時間を増やした。アレキセイの血友病は皇帝の苦悩に輪をかけていた。先に血の日曜日事件（1905年1月22日）について描写し、ニコライ二世が市民の訴えに冷淡だったと書いた。皇帝には、国民の要求にタイムリーに応えられるほどの余裕がなかったのである。

当時のニコライ二世の態度を、チャールズ・ハーディング英駐露大使が記録していた。

「血の日曜日事件後も首都ではごたごたが続いたが、ニコライは無関心だった。アドバイザーとの協議もそこそこに、大好きなハンティングに精を出し、（世継ぎの）アレキセイと遊ぶ時間をとった」

「彼（ニコライ二世）には、根拠のない宿命観があった。最後は必ずうまくやれる、うまくいく。そう信じた」（＊4）

アレキセイの病に悩む二人は、治療法を見いだせない医師に絶望した。そこに現れたのがロシア正教会の僧グリゴリー・ラスプーチンであった。彼は1869年に西シベリアの村ポクロフスコエに生まれた。彼がペトログラードにやってきたのはいつの頃かはっきりしないが1904年頃であると考えられている。彼は独自の聖書解釈と祈禱治療で信者を増やしていた。ラスプーチンには催眠の能力があったらしく、患者の心をポジティブに変え勇気づけることができた（＊5）。患者は、彼の祈りで神と意思が通じるように思えた。アレキセイの病に悩むニコライ二世とアレキサンドラ皇后が、ラスプーチンを知ったのは1905年末の頃であった。祈禱治療に救いを求めた二人は、彼を重用するようになるが、宮廷官吏は彼を嫌った。「奇矯な振る舞いだけでなく、信者との性の狂乱がある危険な人物である。彼を遠ざけるべきだ」と彼らは訴えたが二人は聞かなかった。

ラスプーチンは、戦後の正統史観（釈明史観）では、「怪僧」と評されているが、現実には20世紀の世界史を「よい意味で」変える可能性を持った「平和主義者」であった。第一次バルカン戦争でも戦うべきでないと主張していた（＊6）。その彼が、精神を病んだ女に腹部を刺されたのは、1914年6月29日のことである。フェルディナンド大公夫妻がサラエボで暗殺された翌日に、ラスプーチンも殺されかかったのである（＊7）。

この事件を複数の英字紙が報じている。この日、ラスプーチンは故郷の村ポクロフスコエ村にいた。狂信の女が教会から出ようとする彼の腹部を刺した。逮捕された女は、「この男の予言は嘘ばかりで、ロシアをめちゃくちゃにしている。この村に2週間前にやってきて、暗殺の機会をうかがっていた」と語った。

ラスプーチンは、一命を取り留めたが、しばらく療養が必要でペトログラードに戻れなかった。つまり、先に書いた英仏の対露工作（対独宣戦布告を促す外交攻勢）があった時期に、「平和主義者」のラスプーチンは、ニコライ二世とアレキサンドラ皇后の傍にいなかったのである。ラスプーチンは、首都での不穏を感じ、二人に警告の電報を打った。

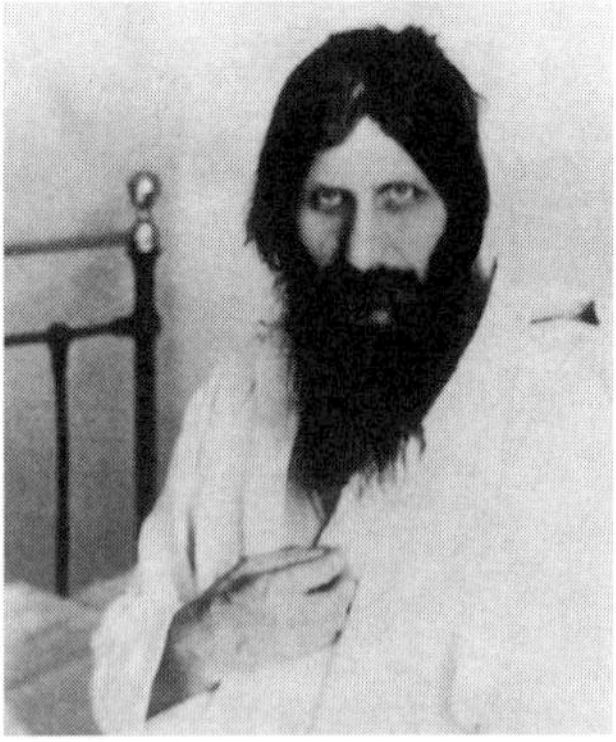
一命を取り留めたグレゴリー・ラスプーチン（1869〜1916）

「怪しい暗雲がロシアを覆い始めている。厄災、嘆き、どんよりした闇、光はどこにも見えない。そして血が見える」（＊8）
英国の歴史家マーガレット・マクミランは、ラスプーチンがこの大事な時期に首都にいなかったことはロシアにとって（そして世界にとっても）不幸であったと嘆いている（＊

9)。ニコライ二世に強い影響力を持っていたラスプーチンが、ペトログラードにいたら、皇帝の対独宣戦布告を思いとどまらせた可能性を彼女は見ている。

＊1：*Lenin on the Train*, p40
＊2、3：*1917: Lenin, Wilson and the Birth of the New World Disorder*, p44
＊4：Margaret MacMillan, *The War that Ended Peace*, Allen Lane, 2013, p191
＊5：*1917: Lenin, Wilson and the Birth of the New World Disorder*, p45
＊6：*The War that Ended Peace*, p578
＊7：同右、p577
＊8、9：同右、p578

第二節　ラスプーチン暗殺を巡る英国の陰謀

すでに書いたように、1916年のロシア陸軍はその脆弱なロジスティクス網にもかかわらず独軍の東方攻勢をよく防いでいた。ロシア陸軍が、独軍の半分を東部戦線にくぎ付けにしている間に、英仏陸軍は西部戦線での均衡を破りたかった。この年の12月、英仏陸軍首脳はフランスの港町カレーに集まり共同作戦を協議した。作戦の立案者は仏陸軍総司令官ロベール・ニヴェル将軍だった。ニヴェルの作戦は、仏軍がエーヌ川南部のシュマンデダム（the Chemin des Dames）を、英軍は、同時にアラス（Arras）を攻略するというものである。いずれもカレーから南東１００㎞から１３０㎞にある前線である。ここを落とせば、ドイツ軍を一気にライン川近くにまで押し戻すことができる。共同作戦であるが主役は仏軍、英軍はそのサポート役に徹する合意ができた。この作戦（ニヴェル攻勢）の実施は翌春と決まった。

この頃ペトログラードでは、ラスプーチン排除の動きが密かに進められていた。ラスプーチンの殺害を計画したのはフェリックス・ユスポフ公（名門貴族ユスポフ家）に率いられた貴族グループだった（＊1）。彼らは、ニコライ二世とアレキサンドラ皇后を「惑わす」ラスプーチンは、ロシアの害毒だと考えた。ユスポフらは12月30日、ラスプーチンをユスポフ宮殿に呼び、饗応した。そこで彼は毒（青酸カリ）を盛られたようである。フェリックスは、後に殺害の模様を誇らしげに語っている。その描写はまるで怪奇小説を読むようである。

「（毒に気づいた）ラスプーチンは、私（フェリックス）の首につかみかかった。奴の鉄のような爪は私の肩を抉《えぐ》った。彼の目玉は眼窩《がんか》から飛び出しそうな勢いで、口からは血が滴っていた」（＊2）

毛皮のコートを着せられたラスプーチンの死体は翌31日、ペトログラードを流れるネヴァ川で、発見された。凍てつく川面から引き揚げられた死体は近くのホスピス（Chesmenskii Hospice）で解剖された。執刀はドミトリ・コソロトフ教授だった。解剖所見から、ラスプーチンには凄惨な暴行が加えられたことがわかる。フェリックスの描写を疑わせる内容だった。

「遺体の左側には剣のようなもので切られた傷が大きく開いていた。右眼球は眼窩から飛び出し垂れ下がっていた。右耳も切られ、ようやくぶら下がっているような状態だった。首にはロープのようなもので絞められた痕跡があった。顔などのいたるところに硬い何か

（こん棒のようなもの）で殴られた跡が見えた」（＊3）

コソロトフは、ラスプーチンの体に3発の銃創を発見した。銃弾の一つは胃と肝臓を、二つ目は腎臓を破壊していた。三つ目の弾丸は、額から撃ち込まれていた。これが致命傷だった。

ここまでが、従来知られていた事実だったが、2004年10月1日、英国BBCテレビがこの事件に新たな光を当てるドキュメンタリー番組「誰がラスプーチンを殺したか」を放映した（＊4）。BBCは、リチャード・カレン（元英国メトロポリタン警察部長）をペトログラード（現サンクトペテルブルク）に遣り、改めてラスプーチン殺害の真相を探ったのである。カレンは、ロシア警察に法医学を教えていたことから、調査にロシアの協力を得ることができた。カレンがこれまで公開されていなかった解剖所見を含む「ラスプーチン殺害記録」を精査した。

BBCのドキュメント制作動機は、フェリックス・ユスポフ公と英国MI6工作員オズワルド・レイナーとの深い関係が知られていたからである。二人はオックスフォード大学の同窓であった。レイナーは語学に堪能で、独仏露語も自由に操れた。その彼をMI6エージェントとして誘い込んだのはサミュエル・ホーアだった。ホーアが、駐ペトログラードMI6工作グループの首魁であったことはすでに書いた（第一章第一節）。BBCは、レイナーの他にも、ジョン・スケール（陸軍大佐、駐在武官）も工作員であることを調べ上げた。スケールの娘がラスプーチン殺害計画を父から聞かされていたことをBBCは突き止めた。だからこそ、ラスプーチン殺害におけるMI6の深い関与を疑い、リチャード・カレンをサンクトペテルブルクに遣ったのである。

カレンの調査で明らかになったのは、第三の銃の存在だった。ラスプーチンの体に銃弾を撃ち込んだ二つの銃の存在はすでに知られていた。一つはユスポフのポケットタイプのブローニング銃であり、もう一つは暗殺グループの一人ウラジミール・プリシケヴィチのサヴェジ銃だった。どちらも殺傷力の弱い小型拳銃だった。第三の銃は、ウェブリー・リボルバーだったことがわかった。この銃は19世紀末に開発され、20世紀半ばまで英国軍関係者用の官給拳銃として広く使用されていた。カレンの調査でレイナーがラスプーチン殺害事件現場にいたことも明らかになった（＊5）。新たにわかった状況を総合的に勘案すれば、レイナーが、ラスプーチンの額に至近距離からウェブリー・リボルバーでとどめを刺したのは確実となった。

「私は調査結果に驚いている。（ロシアで入手した）法医学的証拠が、これまでに残されていた記録と思っていた以上に一致した。これで、ラスプーチン殺害が、ＭＩ６によるものだと断定できる」

「ジョン・スケールの残した公式報告書には、ラスプーチンは『ダークフォース（闇の力）』だと描写されている。たしかに彼は（当時の）英国にとって危ない存在だった。もし彼がニコライ二世を説得し、戦いを止めさせてしまえば、ドイツは東部戦線から軍を西部戦線に回すことができる。そうなれば英仏軍は独軍に圧倒される」（＊６）

MI6工作員オズワルド・レイナー（1888〜1961）

これがロシアでの調査を終えたリチャード・カレンの総括の言葉であった。カレンの総括は、バジル・トムソン（英国内務省諜報部長、任期１９１９〜21年）の証言に一致する。

「暗殺現場にいたものは、（ラスプーチンは）ニコライ二世を説得し、ドイツとの単独講和を目論んでいた、と疑っていた。クリスマス前には、ラスプーチンは自信ありげに、その計画を明かしていたようだ。ドイツとの単独講和は、1917年1月1日に発表されることになっていたらしい」（＊7）

＊1：ラスプーチン暗殺グループは以下の人物：Michael Smith, *MI6*, Dialogue, 2011, p200
フェリックス・ユスポフ（貴族）
ウラジーミル・プリシケヴィチ（貴族、デュマ議員）
ドミトリ・パフロヴィチ（貴族）
ストニスラウス・デ・ラゾヴェルト（医師）
セルゲイ・スホーチン（陸軍）
＊2、3：Guiles Milton, Who killed Rasputin?, The secret role of MI6, History Hub, March 10, 2014
https://cvhf.org.uk/history-hub/who-killed-rasputin-the-secret-role-of-mi6/

＊4：BBC Press Release
https://www.bbc.co.uk/pressoffice/pressreleases/stories/2004/09_september/19/rasputin.shtml
＊5：Who killed Rasputin?
＊6：BBC Press Release
＊7：*MI6*, p201

第三節　英国もう一つの策謀

その1：ツィンメルマン暗号解読と対米工作

１９１６年末から17年にかけての英国外交には二つの狙いがあった。一つは、ロシアを対独戦争から脱落させないこと。この目的は、前節で書いたラスプーチン殺害でとりあえずの成功を見た。もう一つは、米国の参戦の実現である。ルシタニア号を未必の故意でUボートに沈めさせたが、非介入派のブライアン国務長官を辞任させただけで終わっていた。道半ばで頓挫していた米国参戦工作だったが、17年に入ると急展開した。

先に書いた英国の暗号解読組織Ｒｏｏｍ40が、ドイツ外務大臣アルトゥール・ツィンメルマンが、ベルンストルフ駐ワシントン独大使に打電した暗号文書（1月16日付）の傍受・解読に成功したのである。ツィンメルマンは、ライプツィヒ大学で法学を専攻したのちドイツ外務省に入った。１９００年には、北京で起きた日本を含む列強の外交官が襲われた事件（北清事変）に巻き込まれた。事件後帰任したが、太平洋航路をとり北米大陸を横断して帰国した。16年前のこの経験で、彼はアメリカ通を自認していた（＊１）。16年11月、ツィンメルマンは外相に任命された。

ツィンメルマンの狙いは、チャーチルらの構想とは逆に、いかにして米国の参戦を阻むかにあった。彼は、メキシコの反米感情を利用することを考えた。メキシコは、米墨戦争（１８４８年）の敗北で、現在のカリフォルニア州やニューメキシコ州などを失った。爾来、メキシコには根深い反米感情があった。ツィンメルマンはそれを利用して、メキシコとの間で国境紛争を惹起させようと考えた。そうなればアメリカは対独戦争どころではなくなるのである。１９１７年1月13日、彼は次のような命令をベルンストルフ大使に打電した（＊２）。

1917年1月13日　ベルリン発、文書番号AS162

最高機密：解読は大使本人がせよ

われわれは2月1日をもって無制限潜水艦攻撃を再開する。アメリカが今後とも中立でいるよう努力を続けるが、それに失敗した場合、われわれはメキシコに対して次のような同盟関係締結を働きかける。

（メキシコの対米戦争に）ドイツは参戦し、和平交渉についても共同で当たる。金融支援を惜しまず、メキシコが失った領土であるテキサス、ニューメキシコ、アリゾナを再び領有することに同意する。条件の詳細については駐メキシコ大使に任せる。

なお（旧メキシコ領土である）カリフォルニアについては、（将来日本領土としてオファーすべく）日本のために残しておくこととする（＊3）。

ドイツは、英国が米国参戦を目論んでいることを理解していた。この暗号電の内容こそがそれへの対抗策であった。現実には敵国であった日本にも対米戦争を促すことを計画し、その成功報酬にカリフォルニアを用意していた。日本を協商国側から離反させる「驚きの構想」が日本の知らないところで進んでいた。1月19日、ベルンストルフ大使は、フォン・エッカルト駐メキシコ大使に転電した。

大戦勃発と同時に英国は、ドイツと米国を結ぶ大西洋海底ケーブルを切断していた。そのため暗号電の発信経路は次のようになっていた。

ベルリン・ワシントン間　独外務省→駐ベルリン米大使館→米国務省本省→独駐ワシントン大使館
ワシントン・メキシコシティ間　独駐ワシントン大使館→ウェスタン・ユニオン社民間電信サービス→独駐メキシコ大使館

ベルリンからワシントン大使館への打電は、「中立国」米国の「好意」で、同大使館の持つ電信網を利用できた。ワシントンからメキシコシティへの打電は、民間企業の一般サービスを利用した。ドイツが、潜在敵国である米国大使館の好意に甘えたのは、16年半ばから採用している新暗号システム（暗号表0075）に自信があったからだった。

独ワシントン大使館に宛てられた暗号電をRoom40は傍受した。新暗号表で暗号化されていたため解読が難しく部分解読しかできなかった。英国は、独駐ワシントン大使館か

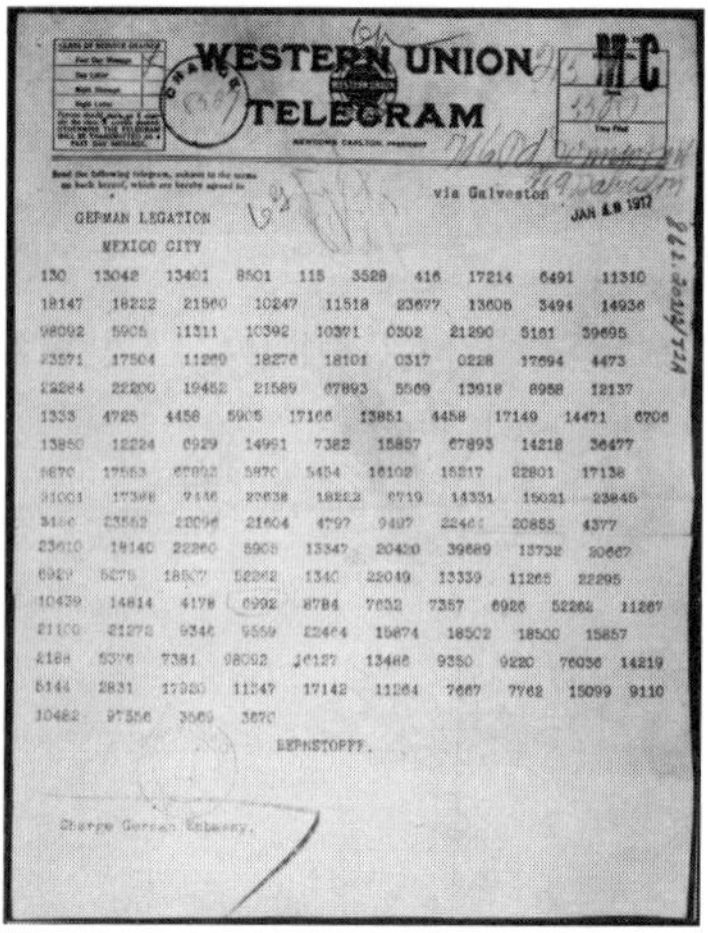

1917年1月19日にワシントンからメキシコに向けられた暗号電

らメキシコシティに発せられた暗号電も入手した。ベルンストルフ大使は、メキシコへの打電に新暗号表0075を使えなかった。メキシコシティの大使館には新暗号表がまだ届いていなかったからである。そのため旧暗号表13040を使って暗号化していた。Ｒｏｏｍ40は旧暗号の解読はできていた。二つの暗号電を比較することで、部分解読に終わっていた暗号表0075によるよる文書も完全に把握した。

ドイツ駐米大使館が、ウェスタン・ユニオン社の電信サービスを使ったことは英国にとって幸いだった。英国はＲｏｏｍ40の存在はなんとしても秘密にしなくてはならなかった。ドイツにその暗号は解読されていることを悟られてはならなかった。しかし、ウェスタン・ユニオン社のサービスを使ったことで、同社のメキシコ局で傍受したと説明できる。解読されたのは旧暗号表の文書だけに、0075による文書まで解読が終わっていることも隠すことができる。メキシコ大使館向け暗号電は英国の「宝（切り札）」となった。

この「宝」を公開すれば、ウィルソン政権、そして米国世論の反独感情を確実に煽ることができる。英国は、これを米政権に知らせるタイミングを辛抱強く待った。最も効果が期待できる時期に、ウィルソン大統領に伝えるのである。そのタイミングはたちまちやってきた。ドイツが、暗号文書にあるように、無制限潜水艦攻撃の再開を決め米国に通知したのである。

＊1：*1917: Lenin, Wilson and the Birth of the New World Disorder*, p104

＊2：ツィンメルマン暗号については拙著『日米衝突の萌芽』（草思社文庫）第9章「第一次世界大戦：アメリカの戦争準備と参戦、そしてドイツの対日外交の紆余曲折」に詳述した。

＊3：日米衝突の萌芽、585頁

＊4：*1917: Lenin, Wilson and the Birth of the New World Disorder*, p105

第四節　ドイツの講和提案を無視した英仏

前節で、ツィンメルマン暗号について詳述したが、ドイツが前年（16年）12月に英仏に対して講和の投げかけを行っていたことに触れておきたい。ツィンメルマン暗号に書かれたメキシコへの対米戦争への誘いも、あるいは2月1日からの無制限潜水艦攻撃の再開決定も、それだけを見れば唐突でかつ強引である。しかしこれらは、ドイツの和平提案が拒否された次の段階としての戦術であった。正統派史観（釈明史観）の史書では、協商国の正義が強調されているため、ドイツからの和平提案とそれが英仏によって拒否されていた事実には触れない。

ドイツ宰相ベートマン・ホルヴェークは、戦いを止める機会を探っていた。ドイツ陸軍は、対ルーマニア戦争を有利に進め１９１６年12月初めには首都ブカレスト攻略に成功していた。ルーマニアは、この年の8月に協商国側に与《くみ》して遅れて参戦した。ルーマニア軍を支援していたロシア陸軍にとっても、南部戦線に軍をはりつけなくてはならなくなるだけに、ルーマニアの敗戦は痛手であった。

戦いを有利に進めている時にこそ、和平の道を探るのは外交の王道である。しかし軍に勢いがある時期だけに、軍強硬派を抑制することが難しくなるジレンマもある。それでもホルヴェークはヴィルヘルム二世の了解を取り付け陸軍強硬派を抑え込み、講和に向けての国内合意を取り付けた。１９１６年12月12日、ホルヴェーク首相は和平交渉を求める提案を中立国並びに協商国に投げかけた。「交渉の地はどこでもよい。交渉開始にあたっては前提条件をつけない」という常識的な内容だった。

この提案を協商国各国の新聞が報じている。その一つが豪州南部の町アデレード（Adelaide）の地方紙アドバタイザー（１９１６年12月14日付）である。豪州は、ガリポリ上陸作戦で戦傷者を多数出していただけに、戦いの帰趨《きすう》に強い関心があった。

「ロンドン発12月12日：ベルリンから寄せられた無線メッセージ（注：ホルヴェーク和平交渉提案）は次のような内容である。『本日、ライヒスターク（ドイツ議会）は、ホルヴェーク首相報告に沸いた。首相はすでに中立国各国にはドイツの和平提案を打診していた。首相の提案は、関係国との交渉の出発点となると同時に、恒久的平和を実現する話し合いの基礎となるものである。提案は、（中立国である）スイス、米国およびスペインの代表を通じて（協商国に）伝達された。ドイツのオファー（の根幹）は、すべての占領地域の返還と（領土の）戦争前の状態への原状回復である』」

筆者は、ウィルソン大統領は参戦を早い時期から考えていたと疑っているが、この時期の彼はドイツの講和提案を真摯に受け止めたようだ。仲介に入ることを決め、関係国に和平条件の具体的提示を求める文書（＊1）を送っている。ドイツの反応はポジティブであった。そのことはジェイムズ・ジェラード米駐独大使の本省あての報告書（＊2）でわかる。ツィンメルマン外相は次のようにウィルソン大統領に回答していた。

「ドイツ帝国政府は、大統領の仲介オファーは好誼《こうぎ》によるものであると受け止め感謝します。大統領も恒久的和平の実現の基礎を築きたいと考えていると理解するものです。（中略）（交戦国が）直接意見を交換することで、望ましい結果を生むでしょう。12日に提案したように、関係国代表が早急に会議を開始できることを望みます」

「また将来において（貴殿が提案されている）国家が疲弊し尽くすような紛争を避ける機構づくりの作業についても、帝国政府は協力する用意があります」

ヨーロッパの中立諸国も、英国の港湾封鎖で経済的打撃を受けていた。それだけに彼らの期待も高まった。しかし、英国もフランスも、和平交渉に入ることを拒否したのである。

筆者は、歴史のＩＦを考えることは重要であると信じている。ＩＦを考えるからこそ歴史を将来の意思決定の教訓にできる。それは時に悲しい作業でもある。そのことは、ここに書いた独講和交渉提案が実現し成功していたら、その後の悲惨な歴史が避け得たと考えられるからである。ダグラス・ニュートン教授（豪州ウェスタン・シドニー大学歴史学）は次のように書いている。

「１９１６年から17年の冬にあの戦争を終えることができていたら、アメリカの参戦はなかった。ロシア革命（11月革命）もなく共産主義が世界に拡散することもなかった。イタリアのファシズムもドイツのナチズムも勃興することなく、各国の戦争負債も小さくて済んだ。さらには（１９２９年の）世界恐慌もなかった。講和の機会を逸したことで、その後の歴史は悲惨なものになった」（＊３）（傍点筆者）

ドイツは、無慈悲にも思える無制限潜水艦攻撃を1917年2月1日から再開した（後述）。冒頭に書いたように、正統派歴史書（高校教科書）はこのことを大書きする。

「モンロー主義をとるアメリカ合衆国はこれまで中立を保ち、交戦国との貿易で大きな利益をあげていた。しかし1917年にドイツが無制限潜水艦作戦を宣言すると、合衆国はドイツに宣戦し（た）」（東京書籍　世界史B）（＊4）

1916年末のドイツの講和提案に触れないこの文章を高校生が読めば、非はドイツにあると考えて当然である。筆者の考えでは、ニュートン教授が指摘するように、和平交渉を拒否した英仏両国には大きな責任がある。上記に代表される釈明史観的記述は、二つの世界大戦の勝者となった国の愚かさを捨象することで、戦争のすべての責任をドイツ一国に押し付けているとみなしてよいのである。

本節を終える前にもう一点だけ、ヘンリー・フォードの行動について触れておきたい。フォードは、言うまでもなくフォード自動車の創設者である。彼はヨーロッパの戦いの早期終結を強く願った。講和交渉を促す民間人を募り、交戦国にそれを訴える使節団を立ち

ニューヨーク港を発つピースシップ・オスカー二世号（1916年12月4日）

上げた。フォードは客船オスカー二世号をチャーターし、使節団を率いてノルウェーに向かった（ニューヨーク出港：1916年12月4日）。

戦争継続を願う勢力からは「お馬鹿な平和主義者の民間外交」だと罵られたが、フォードは、「クリスマスまでには戦う兵士を塹壕から救い出す」と覚悟を決めていた。米国政府は、この使節には一切の権限がないと冷淡であった。人々はフォードの試みに敬意を表し、オスカー二世号を「ピースシップ」と呼んだ。この試みは失敗に終わったが、当時の多くの人々が、戦いの早期終結を強く望んでいたのである。

＊1：President Wilson's Peace Note, December 18, 1916（ランシング国務長官からペイジ駐英大使への指示書）
https://wwi.lib.byu.edu/index.php/President_Wilson%27s_Peace_Note,_December_18,_1916

＊2：German Reply to President Wilson's Peace Note, December 26, 1916（ジェイムズ・ジェラード大使からランシング国務長官への報告書）
https://wwi.lib.byu.edu/index.php/German_Reply_to_President_Wilson%27s_Peace_Note,_December_26,_1916

＊3：Douglas Newton, The Forgotten and Ignored German Peace Initiative of 1916, December 20, 2016
https://johnmenadue.com/douglas-newton-the-forgotten-and-ignored-german-peace-initiative-of-1916/

＊4：東京書籍、世界史B、平成27年版、３４０頁

第五節　英国もう一つの策謀
その2：ツィンメルマン暗号公開

前節に示したツィンメルマン暗号には、「われわれは2月1日をもって無制限潜水艦攻撃を再開する」と書かれていた。講和交渉提案が協商国によって拒否された以上、軍事力による白黒の決着しか道はなくなった。後のことになるが太平洋戦争（大東亜戦争）勃発前、日本の近衛文麿首相は、天皇の力を借りながら軍部を抑え込んで、フランクリン・ルーズベルト大統領との直接交渉（首脳会談）を提案した。ルーズベルトは、それを受けるそぶりを見せながら、結局は拒否した。それにより近衛内閣は崩壊し、日本国内の対米穏健派の力は消えた。それが軍強硬派による無謀な真珠湾攻撃から始まる日米開戦となった。1917年初めのドイツの心境は、頂上会談を断られた日本の心情に似ていたのではなかったか。

独大使ベルンストルフが、2月1日からの無制限潜水艦攻撃の再開をランシング国務長官に告げたのは、その前日のことであった。大使はその理由書を手交しているが、そこには講和交渉提案を蹴った英国への恨み節が綴られていた。

「このような方針をドイツがとらざるを得ないのはひとえにイギリスの責任である。イギリスは過去2年半にわたってその海軍力を行使して、わが国民を飢えさせることによって（わが国を）屈服させようとしてきた。それは犯罪行為なのである。国際法を無視したイギリスに主導された連合国は、同盟国の国際法上認められた貿易を妨害し、中立国に対しても同盟国との貿易を諦めるよう強いたのである。われわれ同盟国にとっては到底受け入れがたいことであった」

「（国際法に違反しているにもかかわらず）イギリスは無慈悲なやり方を変えることなく、世界を困難に陥れ、中立国を困らせ、また連合国内の平和を希求する声にも耳を貸さなかった」

「アメリカ国民およびアメリカ政府におかれては、わが国の決定に理解を示してくれることを強く望むものであり、それは中立の立場の視点から行われることを希望する。そして（この戦いが）これ以上の悲惨な状況になることのないよう、また人命が無為に失われることのなきようアメリカ政府の支援を願うものである」（＊1）

ウィルソン大統領は、「待ちかねたかのように」直ちにドイツとの国交を断絶した（2月3日）。英国は、米国の対独宣戦布告は時間の問題であると期待した。しかし、その期待に反し、ウィルソンの動きはそこで止まった。モンロー主義こそが米国のとるべき道だと過半数以上の国民が信じていた。ヨーロッパのごたごたには関わりたくない意識は依然として高かった。その空気をわかっていたからこそ、大統領は国交断絶までが精一杯だったのである。

英国は、立ち止まった大統領の背中を押さなくてはならなかった。先に、英国はツィンメルマン暗号利用のタイミングを計っていたと書いた。彼らは、ようやくそのタイミングが巡ってきたと考えた。2月22日、英国政府はウォルター・ペイジ米駐英大使に、解読されていたツィンメルマン暗号文書を見せた。ペイジは、典型的な「英国大好き」外交官だった。解読文書に目を通すとたちまち怒りを露わにした。

英国は、ペイジ大使がこの文書を本国に伝えるにあたって条件を付けた。暗号文書は米国が傍受し解読したことにするというものだった。Ｒｏｏｍ40の存在を知られてはならなかったからである。その工作は難しくはなかった。独駐ワシントン大使館から同メキシコ公使館に、ウェスタン・ユニオン社の民間無線で打電したものを米国政府が傍受・解読し

"All the News That's Fit to Print."

The New York Times.

THE WEATHER

GERMANY BEGINS RUTHLESS SEA WARFARE; DRAWS 'BARRED ZONES' AROUND THE ALLIES; CRISIS CONFRONTS THE UNITED STATES

THIS PORT CLOSED

Collector Malone Stops All Outgoing Ships at Narrows.

GERMAN SHIPS SEARCHED

No Evidence of Unusual Activity on Vessels at Hoboken.

GUARD SET ON THIS SIDE

Text of Germany's Note to the United States

A SHIP A WEEK FOR US

To and From Falmouth on a Prescribed Route.

BECOMES EFFECTIVE TODAY

Bernstorff Delivers a Note Which Ends Germany's Pledges to Us.

BECAUSE OF PEACE FAILURE

CAPITAL TAKES GRAVE VIEW

ドイツ無制限潜水艦攻撃再開を伝えるニューヨーク・タイムズ紙（1917年2月1日付）

たことにすればよかったのである。24日、これを了承したペイジ大使は暗号内容を本省に報告した。

米国政府が、休暇中のランシング長官の帰るのを待って対応を協議したのは27日のことである。ウィルソン大統領らは、この暗号文書の持つ意味を直ちに理解し、メディアへのリークを決めた。リーク先はAP通信社（E・M・フッド記者）だった。AP通信社は、この翌日（28日）、米国そして世界にこのスクープを配信した。ドイツは、この文書を偽物であると主張することもできた。ところが、3月3日、ツィンメルマン外相は自ら本物であると認めてしまったのである（＊2）。

英国は、ウィルソン大統領は対独宣戦布告をようやく決断すると期待した。しかしそれは叶わなかった。ウィルソンには、国内世論を戦争止む無しにまとめ上げる自信がまだなかったのである。

その原因はロシアにあった。ロシアは、ロマノフ王朝による専制国家である。ロシアの、ユダヤ人迫害（ポグノム）はよく知られていた。アメリカ国民は、英国支援は肯定できたとしても、専制国家（ロシア）のために若者に血を流させることを許せるとは思えなかった。ウィルソンはそれがわかっていただけに慎重であった。その彼を喜ばせる報がたちまち届けられた。ロマノフ王朝が倒れたのである。

＊1：日米衝突の萌芽、587〜588頁
German Ambassador Count Johann von Bernstorff to Robert Lansing, U.S. Secretary of State.
http://www.firstworldwar.com/source/uboat_bernstorff.htm
＊2：日米衝突の萌芽、589〜590頁

第六節　ロマノフ王朝崩壊と米国参戦

ロシアは「それなりに」対独戦争を戦っていた。しかし、大勢でみれば独墺軍に押され気味であった。先に書いたように、ロシア陸軍は脆弱なロジスティクス網という弱点を抱えていた。それを考慮すればよく戦っていたと言えるに過ぎなかった。

戦いが始まると、ロシアは東部ドイツを攻めた。ヴィルヘルム二世が、戦い回避を念頭に動いていたこともあり、独陸軍は臨戦準備ができていなかった。それでも、ロシアの攻勢（タンネンベルクの戦い：1914年8月半ば～9月初頭）を、兵力数では圧倒されながらも防ぎ切ると、直ちに反転攻勢に出た（第一次マズーリ湖攻勢：9月中旬）。

15年に入ると、独墺軍の効果的な共同作戦も始まり攻勢が続いた。当時はロシア領であったポーランドやリトアニアにまでドイツ軍は東進した。16年には、ロシア軍は若干の反撃を見せたが限定的な勝利であり、年末には再び大敗を喫した。英国MI6が、ラスプーチンの動きを警戒し殺害したのは、ロシアが劣勢にあり、彼の平和主義的意見がアレキサンドラ皇后、ひいてはニコライ二世に「悪影響」を及ぼすことを恐れたからである。そう

前線の兵士を鼓舞するニコライ二世

なれば、ロシアの対独単独講和という悪夢が現実となってしまう可能性があったからである。

ニコライ二世は、ロシア陸軍劣勢の原因は士気の欠如にあると単純に考えた。皇帝が、ニコライ・ニコラエヴィチ大公に代わり、自ら軍最高司令官についたのは1915年9月5日のことである。自身が軍を指揮することで、再び戦意は昂揚すると信じた。皇帝は頻繁に首都を留守にすることになった。士気は一時は確かに上がったが、軍人でない皇帝が、軍事的劣勢を覆すことは所詮無理であった。

17年に入ると、ロシア経済は実質破綻した。工業原料は不足し、武器も医薬品も底をついた。鉄道は軍の利用が最優先されるため民生品、特に食料輸送に支障が出た。穀物生産も、男手の多くが徴兵されており、生産力が大きく落ちた。首都ペトログラードへの食料供給は必要量の半分にまで落ち込んだ。先に、パレオローグ仏駐露大使が、「戦いが始まってからの2年間で、卵は4倍、バターは5倍になった」（1916年9月）と日記に残したように、都市住民の困窮は限界に達していた。

1917年1月半ば、ペトログラードでは血の日曜日事件記念日に14万が参加するストライキがあった。2月に入ると市内各地で暴動が起きパン屋が襲われた。配給のパンだけでは飢えるしかなかった。

3月4日、プチーロフ大型機械・列車製作所で、50％の賃上げを求めて工員3万がストライキに入った。3月8日（ロシア暦2月23日）、同工場はロックアウトを決めた。この日は、国際婦人デーであった。女たちは参政権を求めて行進した。これに職場から追い出された労働者が加わった。その数は正確には把握できないが7万8000人から12万8000人であったとされている。血の日曜日事件（1905年）のときとは違い、軍はデモ隊を制止しなかった（＊1）。

3月12日、マヒリョウの参謀本部にいたニコライ二世は、ニコライ・イワノフ将軍をペトログラード司令官に任じ、戒厳令を敷かせた。皇帝は翌早朝あわただしく首都に向かった。

ここで不思議なことが起こる。皇帝を運ぶ列車はペトログラードに向かう最短距離をとらず、いったんモスクワ方面に向かい、その途次《とじ》に北西方向に進路を変えるルートをとった。本来であれば、翌14日には首都に戻れるはずであったが、実際に戻ったのは17日のことである。その時には、ニコライ二世はもはやロシア皇帝ではなかった。

14日、迂回路をとった皇帝列車はドノー（Dno）経由でプスコフに到着した。ここから首都ペトログラードまでは２００マイル（３２０㎞）足らずであり、北西部軍管区の本部があった。ここで司令官ニコライ・ルズスキー将軍は、「勝者の慈悲を信じて退位しなさい」と迫った。皇帝は、プスコフに入った時から異変を感じていた。皇帝を迎えるセレモニーもなく、将軍らが皇帝に敬意を払うそぶりも見せていなかった。「この時将軍は、逃げ道のない罠にはまったことを悟った」（＊2）のである。

翌朝10時45分、ルズスキー将軍は、ドゥーマ議長であったミハイル・ロジェンコとの交信を皇帝に示した。ニコライ二世は、軍の退位要求が、ドゥーマの有力政治家との合意の下で行われていることを確信した。ニコライ二世は観念したように退位の文書に署名した。

ただ、帝位を弟のミハイル大公に譲位する内容であったから、ロマノフ王朝は継続するはずであった。しかし、後にミハイル大公は、帝位につくことを拒否したため、およそ300年続いたロマノフ王朝はここに潰《つい》えたのである。これがのちにロシア3月革命（ロシア暦では2月）と呼ばれる事件であった（その後の経過は次章で詳述）。

ロマノフ王朝崩壊のニュースは、たちまちワシントンに伝わり、ウィルソン大統領を喜ばせた。彼は専制王政が倒れたことが嬉しかった。ロマノフ王朝に代わる暫定政府の中枢にパーヴェル・ミリューコフ（立憲民主党党首）がいることも彼を喜ばせた。ミリューコフは歴史学者だった。1903年には、シカゴ大学とローウェル研究所（Lowell Institute：ボストン）に招聘され講演している。自身が学者出身であるだけにインテリが政権中枢にいることが心地よかったのであろう。ウィルソンは、新ロシアは民主主義国家になると確信した。ニコライ二世の退位からわずか5日後の3月20日、ウィルソンは、駐ペトログラード米大使館に臨時政府を承認させた（＊3）。

同じ日、ウィルソンは閣議を招集した。閣僚の誰もが対独宣戦布告を訴えた。彼らもウィルソン同様に、ロシアの専制体制が米国の参戦の障害になっていたことがわかっていた。ロマノフ王朝が倒れさえすれば、協商国（英仏露）は民主主義国家、敵である中央枢軸国

（独墺トルコ）は専制国家という「構図」がきれいに描ける。つまり「善」対「悪」の戦争というわかりやすい筋書きができるのである。ウィルソンは、「君たちの考えはわかった。今日はどうもありがとう」と述べ閣議を終えた（＊4）。彼は、休会中の議会に対して4月2日に特別招集をかけるよう要請した。

3月28日、ウィルソンは、執務室にこもった。招集するワシントン議会を前にして、議員たち、そして国民を「熱狂」させる対独宣戦布告の理由書を書き上げるのである。4月2日午後8時、ウィルソンは対独宣戦布告を求めるスピーチに臨んだ。英国の国際法違反（ドイツ港湾封鎖、中立国船舶への臨検など）には一切触れず、ひたすらドイツの無慈悲な戦いぶりを責めた。練りに練った内容だった。議員たちは興奮し立ち上がり拍手した（＊5）。

「世界をより安全にすることにより民主主義は育つ。ロシアでは民主主義思想が勃興している。（中略）いまわが国がこの戦争に直接関わることで、民主主義を確固たるものにできる。それがロシアのそして連合国の民主主義のためなのである」（ウィルソン演説）

「ウィルソンの演説を聞けば、あたかもドイツが対米宣戦布告したような感覚になる」（歴史家アーサー・ハーマン）ほどの「名」演説は期待どおりの効果を生んだ。議会は、対独宣戦布告を承認し、国民も戦争止む無しと覚悟したのである。

ここまでの記述で明らかなように、米国の参戦を実現させたのはロシア3月革命であった。ドイツによるルシタニア号撃沈でもなく、無制限潜水艦攻撃の再開でもなく、ツィンメルマン暗号でもなかったのである。

英国は、ウィルソンとは違い民主主義政府の成立を単純には喜んでいない。新ロシア政府（臨時政府）には戦争継続を決めてもらうまで気が気ではなかった。そのことはゲオルギー・リヴォフ臨時政府首相に宛てたロイド＝ジョージ英首相の親電（3月24日付）でわかる。

「戦争が始まってからの過去2年半にわたる前皇帝とロシア陸軍が見せた戦いの姿勢に強く感謝します。今次の革命は、国の基礎を（民主主義的）自由に置くとロシア国民自ら決めたものです。自由を求めてわれわれ協商国は1914年8月以来戦っています」（＊6）

協商国が臨時政府を直ちに承認したことは言うまでもない。ロイド＝ジョージは戦いの最中に首相に祭り上げられた。おそらくこの頃には、自身がチャーチルの説得に負け、対独戦争を是とした不明を恥じていたのではなかったか。しかし、そのような思いを外に出すことはできはしなかった。対独戦争勝利に向けて国をリードする立場を全うするしかなかった。

＊1：*1917: Lenin, Wilson and the Birth of the New World Disorder*, p117
＊2：Evgeni Vernigora, A Dossier of Btrayal, June 13, 2018
https://orthodoxlife.org/lives-of-saints/nicholas-ii-abdication-1917-vernigora/
＊3、4：*1917: Lenin, Wilson and the Birth of the New World Disorder*, p142
＊5：同右、p147
＊6：Wheeler Bennett, *Brest-Litusk Forgotten Peace March 1918*, MacMillan and Co., 1938, p31
171頁　提供：Bridgeman Images／アフロ

第五章　失意の革命家レーニン

第一節　革命商人パルヴス

ドイツ軍部には、無制限潜水艦攻撃再開を検討した時点では、米国は参戦しないだろうとの楽観論もあった。しかし、本音ではそれを覚悟していたようである。当時の米国陸軍は弱小であった。常備軍はわずか13万3000人で、これに州兵40万人を加えても50万人ほどだった（＊1）。戦いの終わる1918年11月までに、米国陸軍はその兵力を400万人に増やし、士官クラス20万を教育訓練した。しかし、ウィルソンが対独宣戦布告した時点では、米国陸軍はヨーロッパの大国の兵力に比べたら、とるに足らない規模だった。

徴兵、訓練そして前線への部隊派遣までには最低でも1年はかかる。独海軍は、無制限潜水艦攻撃の再開で、英国の戦争遂行能力を完全に潰し、独陸軍は、米軍がヨーロッパの戦場に姿を現すまでに、パリを攻略する。そうなれば講和は可能だと考えた。だからこそ賭けに出た。それが成功するには、米軍がヨーロッパ大陸に現れるまでにまず西部戦線の均衡を破らなくてはならなかった。

塹壕戦は守備側が圧倒的に有利だった。それが、西部戦線膠着の主たる原因だった。均衡を破るには、攻撃側は圧倒的兵力を必要とした。ドイツは、その諜報網から、ロシア陸軍の戦意は萎えていることをつかんでいた。ロシアが単独講和に応じてくれれば、東部戦線に張り付いている70個師団を西部戦線に振り向けることができる（＊2）。

前章に書いたようにロマノフ王朝は潰えた。ドイツにとって、軍の弱体化、国民の戦意の萎えは歓迎できたものの、国民議会を母体として出来上がった臨時政府（1917年3月15日成立）は、対独戦争継続を主張していた。ドイツは、この方針を覆さなくてはならなかった。ドイツが考えた戦術は、ヨーロッパ各地に散っていた共産主義革命思想家の利用だった。彼らは、対独戦中止を訴えていた。

アレクサンドル・パルヴス（1867〜1924）

ロシア人革命家をロシア弱体化の駒に使えると早い時点から気づいていたのは、各国に赴任していたドイツ外交官であった。1915年1月、ドイツ外務省に、ハンス・フォン・ワンゲンハイム駐コンスタンティノープル大使からの報告書が寄せられた。そこには、アレクサンドル・パルヴスなるユダヤ人武器商人が、ロシア帝国破壊計画を持っていると書かれていた（＊3）。

パルヴスは、1901年から06年にかけて、ロシア労働運動に深く関わり、05年から06年頃には、レフ・トロツキーやローザ・ルクセンブルクらと交流を深めたマルクス主義者であった。血の日曜日事件を受けて、1905年の暮れから翌年1月頃にかけて、労働者のストライキを指導する組織（ソビエト）をトロツキーらと結成した。それを咎められて逮捕され、流刑となった。刑地に向かう途次に同志の助けで脱走し、ロシアから逃れた（1906年11月）。

ドイツに潜入するとロシア文学のドイツ語版を出版し成功した。最も売れたのはゴーリキーの『どん底』だった。その後、印税の処理でゴーリキーらと揉めドイツを去った。しばらくはバルカン半島を舞台に武器売買で儲けたらしい。1910年11月、その彼がコンスタンティノープルに現れた。当時この町では、立憲政治を目指すグループ（青年トルコ人：Young Turk）の活動が活発化していた。パルヴスは、青年トルコ人運動家の機関誌に経済問題を中心とした論文を掲載した（＊4）。

1914年に入ると、英仏の植民地帝国主義を批判する論考を発表した。「今次の戦いでもし、協商国が勝利すれば、英国はボスポラス海峡を制圧し、コンスタンティノープルまでも占領するだろう。逆に、独が勝利すれば、英仏両国からの借款を〝チャラ〟にできるチャンスがある。トルコが、バルカン半島や北アフリカで失った領土の回復も可能になる。独からの近代化支援も期待できる」と主張した。先に、トルコが独墺側について参戦したのは10月29日にまでずれ込んだことを書いた。チャーチルの愚かな外交がトルコを中央枢軸国に追いやった原因だったが、同時にパルヴスの反英仏の論考がトルコの判断を左右してもいた。

ワンゲンハイム駐トルコ大使に続いて、パルヴスの利用を本省に進言したのは、ブロックドルフ・ランツァウ駐コペンハーゲン公使だった。公使はパルヴスと交わした会話を外務次官に報告した（1915年8月14日）。「パルヴスは、ヨーロッパ各国に散っている革命分子を糾合し、ロシア国内に戻す。そうすれば、前線に送られる前の兵士に、反政府思想を植え付けられる。その準備は整っていると伝えて

ドイツ宰相ベートマン・ホルヴェーク（任期：1909年7月～17年7月）

きた」という内容だった。「彼らの活動には相応の資金がいる」と付言もされていた（＊5）。

独政府は、この提案に慎重だった。彼らが利用しようとする革命家たちはドイツ国内の反政府活動を続ける共産主義者とつながっていた。ローザ・ルクセンブルクはそうした一人だった。それでもホルヴェーク首相はパルヴス案に「乗る」ことを決めた（1917年1月）。ホルヴェークは、軍強硬派が主張した無制限潜水艦攻撃の再開に消極的であったことから軍に疎《うと》まれ同年7月には辞任するのだが、パルヴス提案については軍の了解を取り付けた。

1917年4月、首相指示を受けたツィンメルマン外相は、ベルンとコペンハーゲンの大使、公使の二人と連携を取りながら計画を実行に移した。それが「封印列車」によるレーニンのロシア帰還作戦だった。

ホルヴェーク首相がパルヴス案に乗ったのは、彼の分析が優れていると判断したからである。パルヴスがランツァウ公使に伝えた分析は次のようなものだった（＊6）。

「現在のロシアの対立は、穏健な自由主義者と社会主義者の間にあり、やがて後者が優勢になる、そして前者は戦争継続を望んでいるが、後者の勝利は平和を意味する」「ロシア軍の士気についても、上級将校は戦争継続支持だが一般兵士は平和を求めている」（＊7）

ランツァウ公使から伝えられたパルヴスの分析をもとに、ホルヴェーク首相は、「即時講和を唱える彼ら（ボルシェビキ）がロシアで政権につくことは、戦線の一正面化（注：西部戦線への集中）を願うドイツ」（＊8）の利害に合致すると結論付け、積極的なボルシェビキ（レーニン）支援を決めた。

＊1：Eric B. Setzekorn, *Joining the Great War April 1917-April 1918*, Center of Military History US Army, 2017, pp5-6
＊2：*MI6*, p198
＊3：*Lenin on the Train*, p58
＊4：パルヴスのこの時代の活動は以下論文によった。
Mike Manair, Parvus's 'Fourth of August', Weekly Worker, August 14, 2014

https://weeklyworker.co.uk/worker/1023/parvuss-fourth-of-august/
＊5：*Lenin on the Train*, pp58-59
＊6：西川伸一、パルヴスとボルシェヴィキ革命、政経論叢（明治大学政治経済研究所）、1991年、561~613頁
＊7、8：同右、571頁

第二節　レーニンの生い立ち　カザン大学入学まで

革命商人パルヴスの利用をドイツ政府と軍部は承認した。パルヴスが、利用を考えていたのはウラジーミル・レーニンであった。いまでは誰もが知るレーニンであるが、当時はロシアから逃亡して、チューリヒ（スイス）に暮らす過激革命思想家の一人に過ぎなかった。

ヨーロッパアルプス山中の小国スイスはその長い歴史の中で、列強からも一目置かれる中立国の立場を確立していた。ここでは詳細を避けるが、中立国には簡単になれるもので

はない。中立国として認められるにはそれなりの「作法」がいった。要するに外交の偏りを徹底的に廃さなくてはならない。先に、第一次大戦開戦少し前の「中立国」ベルギーの振る舞いを書いた。ベルギーは、協商国の隠れメンバーとしての外交を行っていた。こうした行為が一度でもあれば、中立国として他国からの「リスペクト」を得られない。それに比してスイスの徹底した中立の歴史は長い。それは外交軍事だけでなく宗教的な中立も含むものだった。

いずれにせよ、中立国スイスにはヨーロッパ各地から政治活動の自由を求める革命家や反政府分子が集まった。ヨーロッパ諸国もそうした危険人物の動向を探らざるを得ない。各国の在スイス公館が防諜の拠点となった。特にチューリヒは、そうした怪しい人物たちが蠢《うごめ》き、ヨーロッパ「諜報戦争」の最前線となっていた。

ロシア革命（3月革命）が勃発した頃、レーニンもこの町で暮らしていた。ロシアから逃亡した同志との交流を繰り返し、国内に残った革命分子たちの発行する機関誌に論文を寄せていた。このレーニンの利用を革命商人パルヴスは考え、ドイツ政府からの支援を引き出した。「利用」とは、レーニンをドイツの鉄道網を利用して、ペトログラードに戻し、戦争継続を主張する臨時政府を潰すことであった。当時、スイスからペトログラードに入るにはドイツの鉄道を利用するのが最も効率的であった。パルヴスには、ドイツから金銭的支援も引き出せる自信もあった。

レーニンは、3月革命はブルジョワ革命であり、労働者階級が主導する革命とは程遠いと考えていた。「真の」革命のためには、対独戦争を直ちに止め、ロシア国内において確固な労働者階級政府を構築しなくてはならないと主張した。ドイツにとって、そのロジックはともかく、ロシアとの戦いを止めると主張するレーニンに価値があった。だからこそパルヴスに期待した。

彼がいかにその計画を実行に移したかを描写する前に、レーニンの生い立ちについて簡単に触れておかねばならない。レーニンは、ウラジーミル・イリイチ・ウリヤノフとして1870年4月22日（グレゴリオ暦）に、ロシア西部の町シンビルスク（現ウリヤノフスク）で生まれた。ペトログラードから南東およそ1500㎞の内陸、ヴォルガ河畔に位置する町である。モスクワはこの二つの町のほぼ中間地点にあった。

レーニンの父イリヤ・ウリヤノフは元農奴の子供だったが、学業優秀で、カザン大学で数学と物理を専攻した（＊1）。卒業後は、シンビルスクの南西およそ300㎞にある町カザンの全寮制学校（貴族子弟の学校）に職を得た。1863年、同僚の紹介で同じく教員であったマリア・ブランクと結婚した。1869年には、州全体の学校を監督する監察官となった。

彼のような知識人の多くは、当時盛んであったナロードニキ運動（農民啓蒙、帝政打倒運動）に傾倒したが、イリヤは違った。レーニンの姉アンナ（64年生）は父を「ネクラーソフ（ニコライ・ネクラーソフ：1821〜78）の詩が好きな平和主義のナロードニキ」と評している（＊2）。穏健なロシア正教会信者であり、アレキサンドル二世の進めた啓蒙改革政策を評価していた。それだけに皇帝の暗殺（1881年）を悲しんだ（＊3）。

レーニンの父イリヤ・ウリヤノフ（1831〜86）

イリヤは家を留守にすることが多かった。長女アンナに続いて長男アレキサンドル（サーシャ）、ウラジーミル（レーニン）、ヴォロージャ、オルガ（夭逝）、ニコレイ（夭逝）、ディミトリ、マリアと続いた。贅沢な暮らしではなかったが、家には一台のピアノと大量の書物があった（＊4）。

レーニンの母、マリアは医者の娘であった。父（レーニンの祖父）は、1800年代初めに黒海の港町オデッサに生まれたユダヤ人だった。医学生だった20代の頃に、ロシア正教会信者に変わった。したがって、レーニンは改宗ユダヤ人のクオーターということになる（＊5）。レーニンが、シンビルスクの古典幼年学校に入学したのは9歳の時（1879年）である。父が教育省の役人であったことから試験免除の入学だったとはいえ、学業は優秀だった。当時の学校長はフョードル・ケレンスキーだった。3月革命後の暫定政府の首相となるアレキサンドル・ケレンスキーの父である（＊6）。ケレンスキーについては後述する。

1886年、父イリヤが脳内出血で突然に亡くなった。父の死に続いてレーニンにはショッキングな事件が続いた。この頃、長兄サーシャはサンクトペテルブルク（後のペトログラード）大学（生物学）の学生だったが、過激革命思想に染まっていた。ナロードニキの過激派組織「人民の意志」に加入し、皇帝アレキサンドル三世暗殺計画のメンバーとなった。彼らの計画は露見しメンバーは拘束されそのほとんどが処刑された。兄サーシャも助命嘆願せずに死んでいった（1887年5月8日）（＊7）。

レーニンは、兄が処刑された年の8月、カザン大学（法学部）に入学した。レーニンは暗殺者の弟として「有名」だったが、彼に咎が及ぶことはなかった。帝政ロシアは、政治犯に厳しい半面、不思議なほどに寛容なところがあった。レーニンの例でもわかるように政治犯の罪が家族にまで及ぶことはなかったし、相当な反政府活動家であっても、処刑されていない。そのほとんどがシベリアに送られただけであった。そこは監獄ではなく、管理の緩い強制労働所に過ぎなかった。

＊1、2：Tamas Krausz, Reconstructing Lenin, Monthly Review Press, 2015, p25
https://libcom.org/files/tamacc81s-krausz-reconstructing-lenin-an-intellectual-biography.compressed.pdf
＊3、4：同右、p26
＊5：Victor Sebestyn, Lenin's Jewish roots, The JC, November 2, 2017
https://www.thejc.com/news/news-features/lenin-s-jewish-roots-1.447185
＊6：Reconstructing Lenin,p30
＊7：同右、pp32-33

第三節　レーニンの生い立ち　理論家としてのデビューまで

カザン大学に入学した年（1887年）の12月、レーニンは反政府運動への参加を咎められ、退学処分となった。彼は、母が遺産として所有していたコクシキノ（現レニノ＝コクシキノ）の別荘に移って読書三昧の日々を送った。コクシキノは、カザン大学から東へおよそ40㎞にある村である。レーニンが、マルクスの「共産党宣言」に初めて触れ、英語学習に時間を割いたのもこの頃であった（＊1）。同時に、法学や警察法を学びサンクトペテルブルク大学から弁護士資格（証書）を得ると、サマラ（カザンの南350㎞）の法律事務所に就職した（1892年夏頃）。しかし、田舎町の法律家稼業には満足できず、わずか1年で首都サンクトペテルブルク（ペトログラード）に移った（1893年9月）。

レーニンは、首都でも法律家業務を続けながら、共産主義理論書を読み漁り、革命活動家と交流した。1895年、政府から海外に出る許可を貰うと、ヨーロッパ各地を歴遊した。5月1日から9月9日までの短い旅であったが、スイス、ドイツ、フランスを巡り先々で共産主義思想家や活動家と交流した。スイスでは後にロシアマルクス主義の父と呼ばれる思想家ゲオルギー・プレハーノフの知己を得た。ベルリンでは彼の紹介でヴィルヘルム・リープクネヒトの話を聞くことができた（＊2）。リープクネヒトは、独社会民主労働党を創設したドイツ共産主義思想の草分けだった。当時の、ドイツあるいはロシアでは、社会民主主義とマルクス主義はほぼ同義語であった（＊3）。

ベルリンでは、図書館にも入り浸った。当時この町はマルクス主義研究の中心地だった。「ベルリンでは国立図書館で楽しくやっています。夜のベルリンでも学ぶことがいろいろあって、ドイツ語の会話を懸命に聞いています」と母親に書いている。帰国の際には、ロシアでは禁書となる書物を二重底のスーツケースに入れて持ち込んだ。ロシア秘密警察は、レーニンをマークしていたもののりしていた。再入国時の検査では、「厳重に調べたが、何も見つからなかった」と報告されている（＊4）。

サンクトペテルブルクに帰ると、ドイツでの経験に触発されたらしく、直ちにサンクトペテルブルク労働者階級解放闘争連盟（the St. Petersburg League of Struggle for the Emancipation of the working class）なる組織を結成した。しかし、秘密警察の知るところとなり、逮捕・留置された（1895年12月8日）。下された刑は「禁固14か月、シベリア抑留3年」だった（＊5）。先に書いたように、帝政ロシアは、政治犯に寛容だった。

歴史家アーサー・ハーマンは次のように書いている。

「レーニンに下った処罰は、長期収監でもなく処刑でもなかった。レーニンが後に権力を握ってからの反対勢力への容赦なき処罰に比較すれば、ロシア帝国政府の処罰は驚くほど寛容だった。（レーニンの兄の）アレキサンデル（サーシャ）の処刑は例外的なものだったのである」（＊6）

1897年2月10日、禁固刑を終えたレーニンはシベリアの町シュシェンスコエに送られた。この町は確かにシベリアに分類されてはいたが、モンゴルに近い中央ロシア南部の町だった。極寒のシベリア北東部への配流を避けられたのは母の工作もあった。母はレーニンの姉を連れ、途中の町トゥーラ（モスクワの南180km）まで同行し、彼の配流を見送った。

流刑地での受刑者の扱いも鷹揚なものだった。空想的社会主義に憧れたドストエフスキーは、1850年代初めにシベリア（オムスク）に流刑になっている。彼は、その体験を小説『死の家の記録』に書いたが、啓蒙君主の時代を経てきたこともあり、19世紀末の流刑生活、特に政治犯のそれは一般人の生活とほぼ変わらなかった。金さえあれば必要なものは手に入り、ヨーロッパロシアの町と変わらぬ生活が可能だった。苦痛といえば文化的辺境に暮らすことだけであった。

自身の家に住み、手紙のやり取り、執筆、ハンティングなど何でも許された。近郊の町であれば旅もできた。「シベリアに流された革命家にはちょうどよい休息の日々であった。革命思想を磨くにはおあつらえで、天の恵みの時間のようなものだった」（＊7）。レーニンもシュシェンスコエで自由気ままに暮らした。

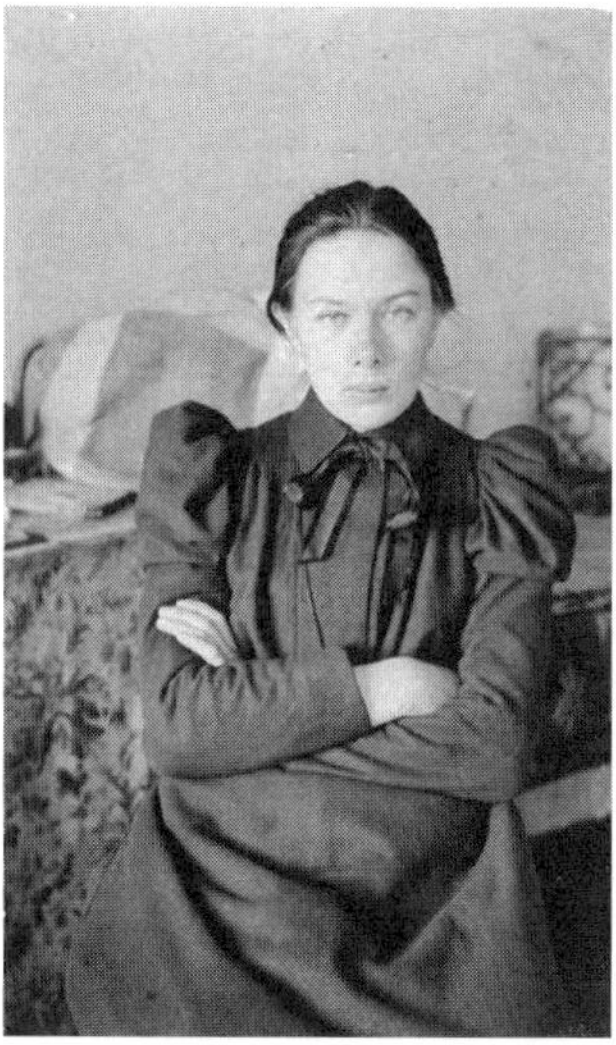
レーニンの生涯の伴侶となるナジェージダ・クルプスカヤ（1869〜1939）

1898年3月には、ミンスクの町にロシア社会民主労働党を結成した。7月には生涯の伴侶となるナジェージダ・クルプスカヤと結婚した。彼女と結婚できたのも帝政ロシアの政治犯への寛容な姿勢の賜物であった。ナジェージダは、レーニンの犯した罪の共犯者であった。彼女の逮捕は少し遅れた1896年8月12日のことである。

同志であった二人は心を寄せ合っており、彼女は恋人の暮らすシュシェンスコエへの流刑を望み許された。彼女のシュシェンスコエ入りを待ちわびるレーニンの家族宛ての手紙が残っている（＊8）。筆者は、帝政ロシアは、ニコライ二世の治世の失敗や英国の政治工作がなければ、穏健な立憲君主体制への移行が可能だったと考えている。その理由はこうした政治犯への穏健で寛容な仕置きの姿勢を見るからである。

ナジェージダとの結婚はレーニンの創作力を刺激した。結婚翌年の99年4月には、『ロシアにおける資本主義の発展』を書き上げた。ウラジーミル・イーリンの名で発表したこの作品が、レーニンのマルクス主義理論家としてのデビュー作となった。

＊1：*1917: Lenin, Wilson and the Birth of the New World Disorder*, p77
＊2：Reconstructing Lenin, p39
＊3：同右、p40
＊4：同右、p39
＊5：同右、p40

＊6：*1917: Lenin, Wilson and the Birth of the New World Disorder*, p78
＊7：Lenin at Shushenskoye
https://leninsbody.wordpress.com/2016/02/17/lenin-at-shushenskoye/
＊8：Reconstructing Lenin, p45

第四節　レーニンの生い立ち　血の日曜日事件まで

１９００年2月、レーニンは3年の流刑を終え、プスコフの町に移った。先に書いたように、ここは後にニコライ二世が退位を強要された町である。妻ナジェージダの帯同を請願したが刑期未達成であり、彼女の早期釈放は許されなかった（＊1）。解放されたレーニンがプスコフに落ち着くことはなかった。この年の夏には、同志二人（ユーリー・マルトフ、アレキサンデル・ポトレノフ）とヨーロッパ諸国に向かい、9月にはミュンヘンに落ち着いた。レーニンら反体制派の動きをロシア秘密警察は監視していたが、彼らを国外に出したほうが問題が少ないと判断していた（＊2）。

秘密警察の監視から自由になったレーニンらの最初の活動は、プレハーノフらと協力し、自らも設立に関わったロシア社会民主労働党の機関紙「イスクラ（火花）」を発行することであった（12月24日創刊）。同紙はひそかにロシアに持ち込まれ、国内に残る革命家を刺激する良きツールとなった。年が明けた01年5月には刑期を終えたナジェージダが加わった。彼女の存在が、レーニンの創作意欲を刺激したのか、多くの論考を発表している。それらは、「レーニン」のペンネームで発表された。ウラジーミル・ウリヤノフからレーニンへの変身が始まった。

この頃の彼の関心は、初期の代表作となる論文『何をなすべきか（What is to be done?）』（02年3月）からわかるように、いかにして革命組織を作り上げるかにあった。レーニンに特徴的な「エリート思想」が前面に出ていた。

「『何をなすべきか』で、マルクス・レーニン主義が生まれたといってもよい。革命の時期が熟するのを待つのではなく、革命への歴史的段階そのものを志を持った革命家エリート（注：職業革命家）が変えていくのである。そうすることでしか革命は達成できない、という考えである」（歴史家アーサー・ハーマン）（＊3）

レーニンの活動は、官憲の注意を改めて惹いた。そのこともあり、ジュネーブからより自由な活動が可能なロンドンに移った（03年4月）。この年の夏、ロシア社会民主労働党第2回会議がブリュッセルで始まった。社会不安化を目論むだけのまだ力不足の革命政党だっただけに、目立つ動きはできなかった。代表57人が集まったのは、蚤《のみ》の跳ねまわる製粉所の倉庫だった。議長にはプレハーノフが選出された（＊4）。しばらくするとロシア政府からベルギー政府に圧力がかかったこともあり、ロンドンに会場を移した。英国政府は彼らの動きに関心がなかった。

ロンドンでの議場は小さな釣りクラブの一室だった。メンバーは、資本主義社会を破壊しロマノフ王朝を打倒するとの思いを共有していた。しかし、方法論で激しく対立した。マルトフは、緩やかな縛りで意見の違うものも受け入れられる組織づくりを主張したが、レーニンは革命意識を研ぎ澄ました少数の精鋭による組織化が必要だと訴えた。前者のグループはメンシェビキ（少数派）、後者はボルシェビキ（多数派）と呼ばれることになる。現実にはメンシェビキが多数派であった。

レーニンは、意見の違うものを包含するような民主主義的態度での組織化を否定した。

愚かな「大衆を一切信じない」（＊5）。それがその後も変わらぬ彼の態度だった。両派の対立は先鋭化し、溝が埋まる気配はなかった。後に、レーニンの右腕になるレフ・トロツキーも、『何をなすべきか』を読み、レーニンに一目置いていたが、この時期の彼はレーニンの主張には冷ややかだった（＊6）。レーニンを、ジュネーブから封印列車でロシアに帰国させることになるパルヴスもメンシェビキの側にいた（＊7）。

レーニンは機関紙イスクラを重要視し、この会議で、編集に関わっていた三人のメンシェビキの排除に成功した。これによって、イスクラの編集方針はボルシェビキ主導となった。レーニン33歳、マルトフ29歳、トロツキー23歳の時である。

両派は対立したまま第2回会議は終了した（8月23日）。翌日、レーニンは数人の同志を帯同し、ロンドン自然史博物館や動物園を訪れた。カール・マルクスの墓所（ハイゲート墓地）にも足を延ばした。レーニン主導で会議が終わったことに自信を深めた彼の気分は高揚していたに違いなかった。

しかし、レーニンの優勢は長くは続かなかった。この年の10月末、社会民主労働党外国人党員の会議がジュネーブであった。マルトフは、この機会を利用して、レーニンを激しく攻撃し、イスクラの編集権を奪い返した。この事件でレーニンのメンシェビキ嫌いは決定的になった。彼の主張を理解する少数の同志と革命実現に効率的で先鋭的な組織を作り上げるとの思いを新たにした。

過激な主張は精神の負担になる。レーニンはそのプレッシャーを登山で発散した。妻ナジェージダを連れ、ジュネーブ周辺のスイスアルプスに挑んだ。1904年1月、同市の南に位置するサレーヴ山（標高1375m）に登頂した（＊8）。フランス領であるが登攀のための越境は難しくない。この山は「ジュネーブのバルコニー」と呼ばれ、山頂からはジュネーブの町が一望できた。6月末には、ハイキングツアーに出た。しかし、山歩きの魅力に取りつかれた二人の旅は2週間の予定だったが、結局2か月にもなった。踏破の距離は400kmに及び、スイスの山の半分を周った（＊9）。レーニンは、母国が日本との戦いで苦しんでいる時に、優雅にスイスアルプスを満喫していたのだった。

マルクス墓所（ロンドン・ハイゲート墓地）

イスクラの編集権を失ったレーニンは、ゴーリキーの資金援助を受け、新たな新聞『フペリョート（Vperyod：前進）』を発行した（1905年1月）。しかし、ボルシェビキは組織力にかけていただけに、ロシア国内への持ち込みができなかった。そのため、彼の論考は、西ヨーロッパ諸国の社会主義者にいくばくかの影響力を及ぼしたに過ぎなかった。

この年の3月には血の日曜日事件があり、政治犯への扱いが緩くなった。ニコライ二世による「10月マニフェスト」も発表された。そのこともあり、レーニンはサンクトペテルブルクに戻ることを決めた（11月2日）（＊10）。血の日曜日事件についてはすでに詳述したとおり、革命思想グループも驚いたほどに突発的な事件だった。彼らは、革命家の指導しない事件には冷淡であった。

＊1、2：Reconstructing Lenin, p48
＊3：*1917: Lenin, Wilson and the Birth of the New World Disorder*, p81
＊4、5：Richard Cavendish, The Bolshevik-Menshevik Split, History Today Volume 53 Issue 11 November 2003
＊6：*1917: Lenin, Wilson and the Birth of the New World Disorder*, p90
＊7：Reconstructing Lenin, p119~120

* 8、9：Carter Elwood, *The Non-Geometric Lenin*, Anthem Press, 2011, p163
* 10：Reconstructing Lenin, p52
201頁　写真：Press Association／アフロ

第五節　ジュネーブでの絶望

ロシアに帰ってからの数年は、レーニンにとっては自身の主張を実践する時であると同時に、ロシア官憲に改めて危険人物のレッテルを貼られる時期でもあった。

ネフスキー大通りに居を構えたレーニン夫妻は、ドイツ社会民主主義者グループ（ローザ・ルクセンブルク、カール・リープクネヒトら）を呼び寄せた（11月半ば）。ボルシェビキの発行する新聞『ノーヴァヤ・ゾーズニ（Novaya Zhizn：新生活）』の編集に関わらせるためだった。彼らの活動は直ちにロシア官憲の注意を惹き、同紙の編集人（ニコライ・ミンスキー）は、起訴された（11月23日）。そのきっかけとなったのは同紙に掲載されたレーニンの論考（死にゆく専制政治と人民支配のための新組織：The Dying

モスクワ武装蜂起（1905年12月）

Autocracy and New Organs of Popular Rule）であった（＊1）。

年が明けた06年1月初め、レーニンはモスクワを訪れた。モスクワでは、レーニンが期待した武闘派革命組織が積極的に関与したモスクワ蜂起（12月7～17日）があった。労働者が主体となった武装蜂起だったがたちまち鎮圧された。それでも、現地の状況を、レーニンは自身の目で確認し、ボルシェビキ地方幹部と話をしたかったのである。

レーニンが、作家マクシム・ゴーリキーと会ったのもこの頃である（1906年1月23日）。ゴーリキーは、ヘルシンキの過激革命家ウラジーミル・スミルノフの家にいた。レーニンは、彼との出会いを通じて、（プロレタリアート）文学が、革命思想の伝播に有用であると確信した（＊2）。

5月9日、サンクトペテルブルクで3000人規模の労働者の集会があった。ここでカルポフなる男が演台に上がった。顔面蒼白でしゃべるこの男の言葉には棘があったが、彼の訴えは聴衆の心をとらえたようだった。「いま革命に参加している連中は実は政府に協力しているグループだ」とジェスチャー交じりの熱弁だった。これが、レーニンの初めての大衆を前にしたアジテーションだった。集会の主催者が、誰も聞いたことのないカルポフを登壇させたのは、この男こそがボルシェビキの指導者であると聞かされたからだった。この頃にはすでにお尋ね者になっていたレーニンは本名を明かせなかった（＊3）。

この時のレーニンは、ストックホルムで開かれた第4回ロシア社会民主労働党会議から戻ったばかりだった。そこでの主たる議題は、デュマに対してどう向き合うかだった。最高幹部に選ばれたレーニンは、「革命運動はデュマとは距離を置いて進めるべきである。デュマは皇帝に抑えられ、何の力もない組織になる。最終的にはブルジョワどもの『お話合いの場（talking shop）』になるだけだ」と主張した。しかし、党の大勢はデュマとはなんらかの折り合いをつけて改革を進めるべきだとのメンシェビキの主張に傾いた。メンシェビキによる、党の結束を求める決議案が採択されると、ボルシェビキは完全な少数派に転落した。だからこそレーニンは、その苛立ちを大衆にぶつけたのだった。

レーニンは、少数のプロの革命家によってしか真の労働者革命は不可能だと確信していた。ボルシェビキの活動資金は、非合法活動とりわけ銀行襲撃によってまかなわれた。これは14年まで続くことになる。レーニンはターゲットとなる金融機関選定にまで加わった。銀行襲撃に功のあった一人がヨシフ・ジュガシヴィリだった。グルジア出身のこのボルシェビキは、07年6月、トビリシ（グルジアの町）で大きな成果を上げた。34万1000ルーブル（現在価値およそ数百万ドル）の強奪に成功した。警察官や居合わせた市民などおよそ40人が犠牲になった。ジュガシヴィリは後にその名をスターリンと変えた。彼は、1902年4月から1913年3月の間に、計7回も検挙され、そのたびにシベリアに流された。それでも「活躍」できた。ロシア帝国の「のんびりさ」がここでもわかる。

サンクトペテルブルクの秘密警察はレーニンの警戒を続けた。1907年1月、危険を感じた彼はフィンランドに移った。当時のフィンランドは、フィンランド大公国と呼ばれるロシアとの同君連合国家だった。それなりの自治を享受していたこともあってレーニンには比較的安全な土地だった。8月には、第二インターナショナル（国際社会主義者大会・独シュトゥットガルトで開催）に参加した。フィンランドに戻ると、サンクトペテルブルク警察によるフィンランド政府への圧力が高まっていた。強制送還を恐れたレーニンは、妻ナジェージダを連れ、フィンランドからの脱出を決断した。1908年1月半ば、地元民の案内で凍てつくフィンランド湾内の小島（Nauvo Island）に渡り、そこからスウェーデンを経由してスイス（ジュネーブ）に逃げた（1月20日着）（＊4）。こうしてレーニンの西ヨーロッパでの漂泊の暮らしが再び始まった。

ジュネーブに暮らす革命家たちのリーダー格はプレハーノフで、メンシェビキ派の首領だった。ひどく落ち込んだレーニンは、「俺はここで骨をうずめそうだ」と妻にこぼし、「ロシアを知らなすぎた。知っていたのは、（故郷の）シンビルスク、（大学を出た）カザン、そしてサンクトペテルブルクぐらいのものだった」と友人に愚痴った。彼は、スイスの地で革命思想家としての人生を終えることを覚悟した（＊5）。

ロシア国内では、レーニンにとって、つまりボルシェビキ思想にとって「都合の悪い」事態が進行していた。ニコライ二世は、改革リベラル派のP・A・ストルイピンを宰相に充てた。ストルイピンは、ロシア経済発展のための改革に真摯に取り組み、効果を上げた。都市住民の生活改善だけでなく、地方都市政府機能（地方裁判所改革、自治体再編など）の充実や自作農創設にも熱心だった。宗教改革（ユダヤ人の権利拡大など）にも踏み込んだ。実績の伴う「ストルイピン改革」がレーニンを不安にさせた。

「もしこのまま彼の改革が続けば、ロシアの農業構造はブルジョワ化してしまう」(＊6)

レーニンの夢想する革命が成就するためには、農民が自作農化してはならなかった。苦しいままの生活を続けていてもらわなくてはならなかった。ところが、レーニンにとって幸いなことに、ストルイピン改革は彼の不慮の死(1911年9月)によって頓挫する。ユダヤ人アナーキスト(ドミトリー・ボグロフ)によって暗殺されたのである。レーニンは1917年11月革命で権力奪取に成功することになるが、その時点において、ロシアの耕作可能な土地の90％は、自作農が所有していた。ストルイピン改革が成果を上げていたことを示していた。後のボルシェビキ政権の進めた「農業生産の社会主義化・集団化を嫌う最大の勢力はこの自作農たち」(＊7)だったのは、ストルイピンの改革があったからだった。

次節では、レーニンの西ヨーロッパでの「再びの漂泊生活」を描写するが、その前に、1909年10月26日に起きた伊藤博文暗殺事件とストルイピン改革との関連について述べておきたい。当時の蔵相はウラジーミル・ココツォフだった。ストルイピンの改革を理解し二人三脚で協力した人物である。二人の改革の一環が東清鉄道の売却であった。東清鉄道は、満州北部を横切るようにウラジオストクに向かう鉄道だった。東清鉄道の当初の狙いは、旅順港との連結（南満州鉄道）であった。しかし、日露戦争の敗北で旅順は日本の支配する港となり、東清鉄道の経済的合理性が見込めなくなった。輸送効率化のためには複線化したかったが、採算がとれない。一方、ポーツマス条約で南満州鉄道を得た日本にとっては東清鉄道の価値が上がるはずであった。そこでココツォフ蔵相は、東清鉄道の日本への売却を構想した。彼は、日本政界の大物政治家伊藤博文との交渉を望み彼をハルビンに招いた。伊藤の力に期待し、東清鉄道売却案件をまとめたかったのである。その伊藤がハルビンで暗殺された。この事件はロシア改革派にとっても痛恨事であった。伊藤はロシアに理解ある政治家でもあっただけになおさらであった（注：東清鉄道は1935年、満州国に売却された）。

伊藤の暗殺事件については、本当の暗殺者が誰だったかについては多くの人の関心を惹いている。しかし、彼がなぜハルビンにいたのかについてを世界史的視点で考察する歴史家は少ない。この点については宮崎正弘氏との共著『激動の日本近現代史：1852－1

941』（ビジネス社）で触れた（＊8）。ロシアの政治改革は日露戦争の敗北でむしろ加速した。敗戦国が改革事業を進める中で、戦勝国の指導者伊藤が命を落とすことになったのは歴史のアイロニーであった。

＊1、2：Reconstructing Lenin,p52
＊3：同右、p53
＊4：同右、p54
＊5、6：*1917: Lenin, Wilson and the Birth of the New World Disorder*, p93
＊7：同右、p94
＊8：宮崎正弘・渡辺惣樹、激動の日本近現代史：1852‐1941、ビジネス社、2017年、186～193頁（伊藤博文暗殺の黒幕はロシアかドイツか）

第六節　チューリヒで聞いた3月革命

ジュネーブに入ったレーニンは、メンシェビキへの恨み節をぶつけるかのように論争の書『唯物論と経験批判論』（１９０８年10月）を書き上げるとパリに移った（同年12月）。当初はパンテオンのある5区に住んだが、しばらくして14区（24 Rue Baunier）に移った。翌年9月には同区の48平米のアパート（4 Rue Marie-Rose）に落ち着いた（＊１）。

ここからフランス国立図書館までは徒歩でもおよそ50分であった。図書館に足繁く通いパリコミューン（フランス革命後に存在した政府〈１７８９〜１７９５年〉）に関する文献を貪り読んだ。来るべき革命への教訓がちりばめられていたらしい（＊２）。

この町でレーニンの人生に特筆すべき「事件」が起きた。イネッサ・アルマンド（１８７４〜１９２０）との出会いである（＊３）。パリに生まれた彼女は5歳の時に父を亡くし、モスクワの叔母のもとで育てられた。18歳の時、紡績業で成功したエヴェジェニイ・アルマンドと結婚した。義弟ボリスの左翼思想の影響で、ロシア社会民主労働党に入党した（１９０４年頃）。レーニンの論文に影響された彼女はボルシェビキに属した。05年に

レーニンのパリ時代の愛人イネッサ・アルマンド（1874～1920）

は逮捕されたが政治犯への寛容を約束したニコライ二世の「10月マニフェスト」で解放された。

07年4月、非合法ビラ配布の咎で再び逮捕されシベリア流刑（刑期2年）となった。しかし刑期を終える前に逃亡し、10年にはパリに落ち着いた。そこでレーニンを含めた亡命ボルシェビキのメンバーやフランス人革命思想家との親交を深めた。

「彼女（イネッサ）は、レーニンを囲む女性たちの中でも最も教養があった。音楽の造詣も深く、とりわけベートーヴェンが好きだった。レーニンがベートーヴェン好きになったのは彼女の影響だった。彼女のピアノはプロ並みだった。語学も堪能で5か国語を操った」（伝記作家バートラム・ウルフ）（＊4）

11年夏、レーニンはパリの南の町ロンジュモー（Longjumeau）に、革命思想家のための塾を開いた。年が明けた12年1月、ロシア社会民主労働党のプラハ大会があった。ボルシェビキは、党内党としてではなく、完全なる独自路線をとると決め、メンシェビキと決別した。4月、レーニンは新聞「プラウダ」を創刊し、その編集に傾注した。

プラウダ創刊で、レーニン夫婦はロシアにより近いクラクフに移った（1912年6月）。現在のポーランド南部の町だが、当時はオーストリアを構成するクラクフ大公国の首都であった。レーニンにはこの町の空気が合ったようだ。プラウダ編集が生活の中心だったが、市内の名所クロスホール内のカフェ（Noworolski Café）に入り浸り友人とのおしゃべりや、森林公園（Wolski Forest）のサイクリングを楽しんだ。冬になればアイススケートに熱中した（＊5）。

愛人のイネッサは、サンクトペテルブルクに潜入し（1912年7月）、ボルシェビキ組織づくりに手腕を発揮した。彼女の活動はたちまち官憲の知るところとなり逮捕されると6か月の刑となった。13年8月、刑期を終えたイネッサは、レーニンらの住むクラクフにやってきた。そこでレーニンとの不倫関係が再開した。ここでも一般的に想像される妻ナジェージダを巻き込む愛憎劇は起きていない。同時代の女性革命家アンジェリカ・バラバーノフ（1878~1965）は次のように書き、レーニンを美化する。

「レーニンはイネッサを愛した。それは非道徳的な行為ではなかった。彼（レーニン）は、妻ナジェージダに何一つ隠し立てしなかった。彼は音楽を愛したが妻にはその教養はなかった。イネッサは、ベートーヴェンの曲を見事に弾いた」（＊6）

隠し立てしないことがなぜ道徳に反しないのか理解に苦しむがナジェージダが、イネッサを受け入れたことは事実らしい。本心だったかはわからない。

「1913年秋、私（ナジェージダ）たちはイネッサととても深い関係になりました。彼女の存在で、生活は楽しくそして熱のあるものになりました。私たちはパリに暮らした時期から彼女を知っていました。パリでは多くの革命家が集まって賑やかでした。クラクフでの同志の集まりはパリ時代に比べたらこぢんまりとしたものでした。彼女は同志レフ・カーメネフ（後の全ロシアソビエト中央執行委員会議長）の住む家の一室を借りていました。彼女がやってくると集会の空気はたちまち華やぎ、革命の夢を語り合ったのです。まるでコミューンで学ぶ生徒のようでした。彼女が話せば誰もが明るい気分になりました」（7）

「充実した」クラクフでの生活は、第一次世界大戦の勃発で一変した。1914年8月8日、墺政府はレーニンを敵性国家人種として逮捕し、ノヴィ・タルク（Nowy Targ：クラクフの南80㎞の町）の監獄に送った。しばらくすると解放されクラクフに戻ったが、この国にはいられなかった。彼が中立国スイス（ベルン）を再び目指したのはこの時であった（＊8）。スイス入りはそれほど難しくなかった。スイス官憲は、兵役忌避者や脱走兵は嫌ったが、政治犯には寛容だった（＊9）。

この頃のレーニンの悩みは、国際社会主義運動の変質であった。戦いの勃発で各国の社会主義者の心に民族「魂」が芽生えた。各国の社会主義政党は自国の戦争遂行に協力すると決めた。その結果、政府と社会主義者の奇妙な連帯が生まれた（注：この状況は「城内平和（ブルクフリーデン）」と呼ばれる）。レーニンは、城内平和で国別に対立し始めた社会主義運動をもう一度国際連帯運動に戻さなければならないと考えた。14年9月、この考えを共有する中立国の社会主義者38人が、ベルンの南10㎞ほどの集落ツィンマーヴァルトに集まった。鳥類学者の研究会という触れ込みだった（＊10）。

9月8日、決議案（ツィンマーヴァルト宣言）が採択された。レーニンも署名した宣言は、各国の社会主義者に戦争停止を働きかけるものだった。この会議で、レーニンに特に近い立場をとった8人がツィンマーヴァルト左派と呼ばれることになる。その一人がグリゴリー・ジノヴィエフだった。後に革命商人パルヴスとレーニンを結びつけたのは彼だった。彼らの思想の伝播に愛人イネッサも奮闘した。彼女はその語学力を活かしてパリに向かった（＊11）。

しかし、ヨーロッパの社会主義者のほとんどが、戦争遂行に協力するという態度を変えなかった。16年2月、レーニンはチューリヒに移った。住まいは、旧市街の2部屋のアパート（シュピーゲル通り14番地）だった。妻ナジェージダとの湖畔の散歩は楽しかったが、近くのソーセージ工場の悪臭がいつも室内に漂っていた。

レーニンが、チューリヒへの移住を決めたのには訳があった。この町の社会民主主義者は、レーニンの主張に理解があった。彼は、チューリヒ社会民主党に入党すると、党の会議では必ず最前列に座った。レーニンが、独露単独講和の噂を聞いたのはこの年の暮れのことであった。レーニンは知らせを喜んだが、たちまち失望に変わった（＊12）。結局この町でも、同志を増やすことはできなかった。

チューリヒの「同志」たちへの期待も萎えていた1917年3月、ニコライ二世退位の報が飛び込んできた。その日の模様は次のように書かれている。

「1917年3月16日の午後のことである。ナジェージダは粗末な昼食の後片づけをしていた。レーニンは、いつものように図書館に出かける準備をしていた。そこに友人の一人（Bronsky）が、階段を駆け上がってやってきた。息を切らせた彼は新聞の切り抜きを手

にし、『大事件だ！　ロシアで革命が起きた』と叫んだ」（＊13）

＊1、2：The Exile of Lenin in Paris
http://www.parisbyfoot.com/exile-lenin-paris/
＊3、4、6、7：イネッサ・アルマンドの経歴は以下のサイトによった。
https://spartacus-educational.com/RUSarmand.htm
＊5、8：Lenin in Kraków：Vladimir Lenin's Life & Legacy in Kraków
https://www.inyourpocket.com/krakow/lenin-in-krakow-vladimir-lenins-life-legacy-in~_70201f
＊9：Lenin and the Swiss non-Revolution
https://www.swissinfo.ch/eng/vladimir-ilyich-ulyanov_lenin-and-the-swiss-non-revolution/12812
＊10：*Lenin on the Train*, pp85-86
＊11：同右、p87
＊12：同右、p88

＊13：*Brest-Litvsk Forgotten Peace March 1918*, p36

第六章　封印列車

第一節　レーニンの利用を決めたドイツ外務省と陸軍

ドイツは常にロシアとの講和の機会を窺っていた。それだけにニコライ二世の退位後のペトログラード情勢は気になった。「ロシアの新指導層は、対独戦争継続かそれとも講和かで大きく揺れている」とベルリンの本省に伝えたのはヘルムート・ルシアス・フォン・スターデン駐スウェーデン大使だった。併せて、「ロシアへの攻撃を控えることで、対独講和派との交渉の可能性が高まる」と意見した（＊1）。ドイツが、「われわれは講和の用意がある。（中略）新自由国家となったロシアが交渉に応じてくれるのを辛抱強く待つ」と書いたパンフレットをロシア兵に向けて空から撒いたのはこの頃である（＊2）。

ドイツがロシアの反応を探っている頃、ブロックドルフ・ランツァウ（駐コペンハーゲン領事）は、革命商人アレキサンドル・パルヴスと打ち合わせを重ねていた。パルヴスは1915年以来、ロシア革命勢力を利用することで、対露講和が可能になると訴えていた男である。「ボルシェビキを支援すべきだ。彼らがロシアの実権を握れば、3か月で停戦が可能だ」、「そのためには金がいる。500万マルクが必要だ」。革命商人らしいパルヴスの言葉だった（＊3）。

彼が主張するボルシェビキの利用とは、「レーニンにロシアの権力を奪取させる」という意味である。この構想はツィンメルマン外相に伝えられた。「ボルシェビキによる権力掌握はドイツの利益にかなう可能性がある」とツィンメルマンは考えてはいたが、陸軍が納得するかは未知数だった。レーニンを利用するには、鉄道でドイツ国内を通過させ、中立国スウェーデンに運び、そこからフィンランド経由で、ペトログラードに移動させることになる。陸軍の協力なくしてはできない作戦だった。ツィンメルマンの予想に反して、陸軍は半信半疑ながら、「過激革命家連中のドイツ国内移動を許し、ロシアを混乱させて停戦（講和）を実現する」構想を理解した（＊4）。

レーニンもペトログラード入りを望んでいることは確かだった。しかし、ドイツの助けを借りることに躊躇いがあった。敵国ドイツのエージェントではないかと疑われたら、ペトログラードに戻っても市民の支持は得られない。パルヴスはゲオルグ・スクラーツをスイスに遣った。「とにかくここはあっさりとドイツの助けを借りて、ペトログラードに一刻も早く入るべきだ」とレーニンを説得するためである。スクラーツは、パルヴスがコペンハーゲンで経営していた貿易会社（the Handels og-Eksport Kompagniet）の共同経営者だった（＊5）。同社は、ドイツの了解を受けながら、ロシアに石炭を運び大きな利益を上げていた。

レーニンのドイツへの警戒感は深かった。やってきたスクラーツをドイツのエージェントと疑った。ジスベルト・フォン・ロンベルグ（駐ベルン公使）はベルリンの本省に次のように報告した（4月3日）。

「亡命者（レーニンのこと）には、協力すると伝えているが、返事はまだない。（ドイツの協力を得ることが）ペトログラードでの活動の障害になると恐れている。しばらくは彼らの反応を待つ」（＊6）

ドイツの協力を拒否していたレーニンだったが、ペトログラードの状況は気になった。同地の情勢を伝える新聞記事を丁寧に切り抜き情報収集を続けた。ニコライ二世を退位させた中心勢力はデュマのメンバーだった。彼らが立ち上げた暫定政府（3月12日成立）は、メンシェビキに協力を求めていた。同派のリーダー、マルトフは彼らの要請に前向きだった。

3月末、レーニンはドイツエージェントとの交渉を再開した。焦る気持ちを隠し、高飛車な態度を崩さなかった。交渉には、ロベール・グリム（スイス社会民主党）やフリッツ・プラッテン（ツィンマーヴァルト運動メンバー）らを立ち会わせた。ドイツとの密約がないことを見せておかなくてはならなかった。

ロンベルグはレーニンの強引な主張に苛立ったが、とりあえず彼の要求のすべてをベルリンに伝えた（＊7）。

1　ドイツ国内を通過する際の列車には治外法権的地位を与える
2　列車警備に乗るドイツ兵との交渉・調整にはフリッツ・プラッテンが当たる
3　列車内には許可なき者は入れない
4　停車駅はできるだけ少なくする
5　レーニンの同行者を途中で退去させない
6　パスポートチェックはしない

レーニンはこれに加えて、鉄道運賃は亡命者が支払うと主張した。ドイツに恩を着せられたくないという気持ちの表れだった。レーニンの強硬な要求にドイツ政府内でも反発があった。レーニンらは、本来であればドイツが絶対に受け入れられない「犯罪者」集団である。高飛車なレーニンを前に、むしろ臨時政府とダイレクトに講和を探るべきではないかとの意見も出た。レーニン（ボルシェビキ）を利用する（潜在的）危険性をツィンメルマン外相もわかっていた。しかし、この「ギャンブル」に成功すれば、ロシアは制御不能の混乱に陥る。そうなれば対露戦争早期終結の可能性が高くなる。ツィンメルマンはこの賭けに出ることを決め調整を進めた。

「レーニンは敵国ドイツと交渉している」との情報はたちまち知れ渡り、反発する同志も多かった。その一人がフランス人作家ロマン・ロランだった。「レーニンや奴の仲間は、ヨーロッパの敵（ドイツ）の道具になり果てた」と吐き捨てた（＊8）。

ツィンメルマン外相がレーニンの要求の全面的な受け入れを決めたのは4月4日のことである。喜んだレーニンは、同志ジノヴィエフらとともに直ちに帰国準備にとりかかった。レーニンを含めた32名が、ドイツの手配する列車での帰国を決めた。帰国者は、4月9日にチューリヒ市内のザーリンゲルホフホテル（Zahringer Hof Hotel）に集合することになった（＊9）。鉄道運賃を払えるものは少なかった。その資金はロベール・グリムが社会主義者仲間に義援金を出させて用意した（＊10）。当面の食料はそれぞれが車内に持ち込むことが許された。

帰国準備を進めるレーニンは、4月6日金曜日夕刻、ベルンにある米大使館に電話した。ドイツに（騙され）拘束されることも危惧し、事前に米国大使館に計画を伝え、万一に備えて救出を求める「渡り」をつけたかったのであろう。レーニンの電話を受けたのはアレン・ダレスだった。ダレスは、政治亡命者らの動向を探るために中立国スイスに赴任していた情報収集エージェントであった。

ダレスは、この前年に国務省に採用されたばかりの「若造」外交官だったが、価値の高い情報を収集することで評価が高かった。彼はプレイボーイでもあった。この週末は、二人の金髪美人（双子の姉妹）と泊りがけで郊外に出かけることになっていた。ダレスは、「週明けにもう一度電話するように」と答え、あたふたと電話を切った。これがダレスとレーニンの唯一の「Close Encounter（近接遭遇）」だった。後にＣＩＡ長官となったダレスは、「共産主義者の指導者と話せる最初のチャンスだった。私はそれを逃してしまった」（＊11）と、懐かしそうに悔やんだ。

レーニンが、ダレスにコンタクトを試みたこの日、アメリカは対独宣戦布告した。アメリカのドイツへの敵意、協商国（英仏）への過度の肩入れ。それがドイツに、毒（レーニン）をもって毒（ロシア）を制すギャンブルに出させたのである。

＊1：*Lenin on the Train*, p138
＊2、3：同右、p139
＊4、5、6：同右、p140
＊7：同右、p141
＊8：同右、p142
＊9：*1917: Lenin, Wilson and the Birth of the New World Disorder*, p146
＊10：同右、p143
＊11：スティーブン・キンザー、ダレス兄弟、草思社、2015年、50頁

第二節　封印列車出発

4月9日はイースターマンデー（復活祭翌日の月曜日）であった。昼前に32人の帰国者が続々とザーリンゲルホフホテルに集まってきた。このホテルはチューリヒ駅前広場にあった。言うまでもなくそこにはレーニンの妻（ナジェージダ）と愛人（イネッサ）の顔があった。ジノヴィエフは、妻と9歳の息子を連れてやってきた。カール・ラデック、ゲオルギ・サファロフらもいた。彼らはホテルでチューリヒ最後の昼食を取った。

食事が終わるとレーニンは、見送りの同志を前にスピーチした。彼らの帰国を快く思わないものも多かっただけに、自身の決断の正しさを訴えなくてはならなかった。

「現在のロシアの状況はブルジョワ革命に過ぎない。臨時政府とは一切妥協しない。第二段階としての真の労働者革命を目指し、必ずヨーロッパ全土に革命の火をつけ世界革命を実現する」

最後に、仏語と独語で、「帰国すればミリューコフがわれわれを捕縛するかもしれないが、そんなことは恐れない」と見栄を切った。帰国者全員が、「いかなる危険も覚悟する」と書かれた誓約書に署名していた（＊1）。レーニンのスピーチが終わると見送りの歓声が響いた。歓声ばかりではなかった。ドイツを憎悪する社会主義者からは、「こいつらはドイツのスパイだ。ドイツ皇帝に帰国費用を出してもらっている。奴らの顔を見てみろ。嬉しそうじゃないか」と罵声が飛んだ（＊2）。

32人はドイツ国境に向けて北に走る列車に乗り込んだ。スイス国内線の普通列車である。彼らの出国に対してスイス官憲がいかなる態度で臨むかは誰にもわからなかった。

シャフハウゼン駅（チューリヒの北45㎞にあるドイツ国境に近い町）に到着した一行は、スイス官憲に追い立てられ、3番線プラットフォームに集められた。官憲は車内に残された所持品検査を始めた。彼らが咎めたのは戦時持ち出し規制がかかっていた食料品だった。ソーセージとチーズはほとんど没収された。

列車の最終駅はゴッドマーディンゲンだった。シャフハウゼンからわずか東に12㎞の町だがドイツ領であった。ここはもう「敵国」である。ドイツ政府が、レーニンとの約束を本当に守るのか誰にもわからなかった。下車した32人を待っていたのは、グレイの軍服を

SWEDEN
karungi
Boden
Tornio
Haparanda
NORWAY
Bräcke
Tampere
Bergen
Helsingfors
(Helsinki)
Beloostrov
CHRISTIANIA
(Oslo)
PETROGRAD
(st.Petersburg)
STOCKHOLM
Reval
(Tallinn)
DENMARK
COPENHAGEN
Malmö
Trelleborg
RUSSIAN
EMPIRE
Sassnitz
Stralsund
GERMANY
BERLIN
Warsaw
Frankfurt
Kiev
Cracow
Karlsruhe
Stuttgart
AUSTRIA
Singen
Zürich
VIENNA
BERN
BUDAPEST
SWITZER-
LAND
Geneva
Odessa
HUNGARY

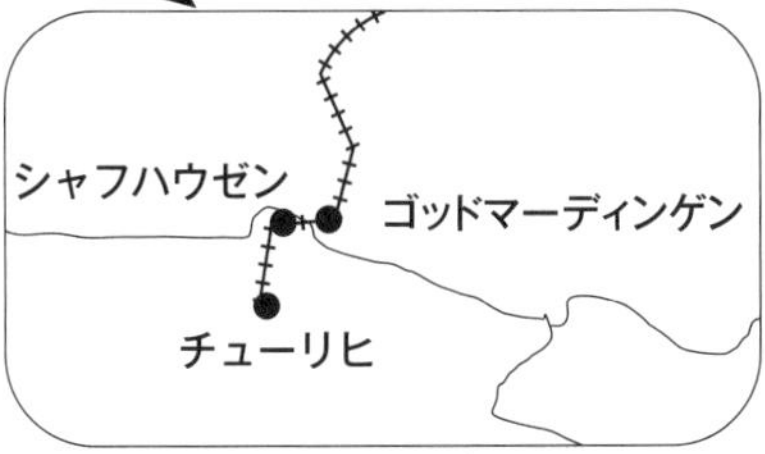
シャフハウゼン
ゴッドマーディンゲン
チューリヒ

着た二人の男だった。二人の動作は、剃刀のようにシャープで、軍靴は見事に磨き上げられ輝いていた。

32人は、3等列車用待合室で男と女（子供）の二組に分けられた。男たちはレーニンを囲むようにして集まった。誰も一言も発せず沈黙が続いた。誰もがドイツの罠にはまったと怯えた（＊3）。二人の軍人は、人数を確認すると満足したように、何の説明もなく待合室から彼らを追い立てた。しばらく歩いた一行が見たのは、白い蒸気を吐く機関車であった。ドイツは約束を守ったらしかった。

二人の兵士は若いほうがフォン・ビューリング中尉、もう一人がフォン・デル・プラニッツ大尉だった。プラニッツ大尉は、陸軍参謀総長エーリヒ・ルーデンドルフ将軍からレーニン帰還作戦のブリーフィングを直々に受けていた。ロシア語に堪能だったビューリング中尉がアシスタントについた。

一行が乗せられたグリーンに塗装された木製車両には、3つの2等コンパートメント（仕切り客室）と5つの3等コンパートメントがあった。これに加えて少しばかりの荷物スペースと二つのトイレがあった（＊4）。これが後に「封印列車」として世に知られる車両の全容だった。レーニンと妻ナジェージダは車両前方にある2等コンパートメントを取った。残りの二つの2等コンパートメントには、子供連れの夫婦やレーニンの愛人イネッサらの女性たちが座った。

封印車両の最後部の床には白いチョークラインが引かれ、警備の兵士もこのラインを越えられない。ドイツ政府がレーニンに約束した「列車は治外法権扱い」の証であった。

列車が北に向かって動き出すと、レーニンは立ち上がって過ぎゆく南ドイツの景色を眺めた。両の親指をベストのポケットに引っ掛けて立つレーニンの眼前を、この地方特有の渓谷の景色が後ろに移動した。陽は陰り、鉄路に沿って茂るハンノキの影も細く地面を這《は》っていた。黄昏の中にキンポウゲの黄色い花だけが輝いて見えた。遠くに目をやればホーヘントヴィール山（標高686mの死火山）が沈む陽の光を受け、風化した山容を晒していた（＊5）。

封印列車1日目の停車駅はまだスイス国境に近いシンゲン（Singen）だった。二人の将校との交渉役にはフリッツ・プラッテンがついた。彼は、ビューリング中尉に「保護」されて町に買い出しに出た。しばらくするとプラッテンは有り余るほどのサンドウィッチとビールを持って帰った。帰国者たちは二人の将校の振る舞いから、ドイツが約束を守るだろうことを確信した。その安堵が皆を陽気にさせた。ビールがそれに輪をかけた。車内にたちまち「ラ・マルセイエーズ」（フランス革命歌）が響いた。「ラ・マルセイエーズ」は現在でもフランス国歌として親しまれているが、歌詞はその後の凄惨なボルシェビキ政治を暗示するように残酷である。

さあ、祖国の子供たちよ、栄光の日がやってきた、
我々に対して、専制の血ぬられた旗が掲げられた、血ぬられた旗が掲げられた、
聞こえるか、野原であの凶暴な兵士たちが咆哮するのが、
やつらは我々の腕の中にまでやってくる、
我々の息子や妻の喉を掻き切りに

（繰り返し）

武器をとれ、同志たちよ、隊列を組め、進もう、進もう、
けがらわしい血が我々の畑の畝を濡らさんことを！
（北鎌フランス語講座訳）（＊6）

革命歌を聞きながら、レーニンは車中規則を定めた。最後のサンドウィッチがなくなると、ほとんどが眠りについたが、革命の理想をいつまでも語り合うものもいた。

＊1：*Lenin on the Train*, p145
＊2：Lenin's Sealed Train
https://spartacus-educational.com/Lenin_Sealed_Train.htm
＊3：*Lenin on the Train*, p148
＊4：同右、p149
＊5：同右、pp149-150
＊6：北鎌フランス語講座：ラ・マルセイエーズ
http://lecture1.kitakama-france.com/

第三節　ドイツからスウェーデン（ストックホルム）へ

4月10日夕刻、フランクフルトに到着した。翌11日はベルリンの引き込み線に入って夜を明かすことになった。ビールもサンドウィッチもとうになく、初日の興奮は消えていた。この晩は、ドイツ警備兵がリッソール（パイの詰め合わせ）を用意した。列車は結局ベルリンで20時間停車した。その間に32人がどう振る舞っていたかの記録はない。長時間の停車の理由もわかっていない。証拠はどこにもないが、この時間に、レーニンはドイツ外務省の代表と何事か協議したのではなかったかと推測されている（＊1）。

20時間の停車時間は長すぎる。ドイツ外務省の記録は曖昧だ。レーニンはツィンメルマン外相と直接交渉していたのではなかったかと疑う史家もいる（＊2）。ドイツは、ボルシェビキ革命（後述）のために巨額の金銭支援（4000万マルク）をするのだが、その詳細はこの時に打ち合わされたのではなかったか。巨費を投じることになるドイツ政府だけに、レーニン本人との直接交渉があったとしても不思議ではない。ベルリンの20時間は、「正統派」歴史書ではけっして触れられない歴史の細部である。レーニンは後にスターリンによって神格化された。その作業には不都合な20時間なのである。

封印列車は何度も異なる機関車に連結された。鉄道マニアは封印列車を曳《ひ》いた機関車両を特定しようとしているが、成功していない。ドイツ政府は正確な記録を残していたはずだが、その後の歴史の中でその記録は消えた。

4月12日、封印列車はさらに北に向かった。目的地はザスニッツである。ザスニッツは中立国スウェーデンとを結ぶフェリー港である。ドイツ最大の島リューゲン島の北部にある。現在では島と本土には鉄橋がかかっているが、当時は車両をいったんフェリーに移し替えなくてはならなかった。ザスニッツで、レーニン一行はフェリー蒸気船クイーンビクトリア号に乗船した。予定より1日遅れであったが、ドイツはレーニンへの約束を守ったのである。

リューゲン島は一行が見る「敵国」ドイツの最後の領土だった。島の木々に覆われた複数の岬が指のようにバルチック海に伸びていた。それも次第に視界から消えた。ザスニッツから、対岸の港トレルボルグまでは4時間の船旅であった。この日の海は荒れた。

レーニン一行は、乗船票に本名を記入しなかった。レーニンらの入国をスウェーデンが許すか誰にもわからなかった。偽名のほうが安全だと思われた。しかしスウェーデンには社会主義を信奉する政治家が多かったせいか、レーニンらの不安は杞憂に終わった。トレルボルグでは連絡を受けた市長やレーニンを信奉する社会主義者らが待ち構えていた。だが出迎えの人々との歓談の時間はなかった。ここからはスウェーデン国内線列車の利用になる。次の目的地マルモ行きの発車は15分後に迫っていた。

マルモはトレルボルグの北30㎞ほどにある港町である。到着したレーニン一行はサボイホテル（この町の最高級ホテル）に案内された。手配を担当したのはヤコブ・ハネッキ（ガネツキ）だった。彼は革命商人パルヴスと密接な関係を保ち、ドイツからの支援金を利用できた。ハネッキは、32人の夕食にホテルでのバフェ（バイキング）を予約していた。彼らは、アール・デコ風シャンデリアの煌めく食堂で久方ぶりのごちそうを貪った。サーモン、マス、シカの燻製肉、ハム、ピクルス、チーズ、各種魚卵、ライ麦パンなどがテーブルに溢《あふ》れていた。レーニンだけは、食事よりもハネッキとの会話に夢中だった。最新のロシア国内情勢を知りたがった（＊3）。

その後の彼らの旅を描写する前に、レーニン一行の帰国についての英国の判断を書いておきたい。英国情報部（British Intelligence Service：MＩ6）は、彼らの動きを当然ながら追っていた。しかし、ベルン駐在のエージェント（エージェントコード：ＳＷ5）は、この動きを重視しなかった。「レーニンらはスイス亡命社会主義者の中でも過激思想の少数派である。彼らが帰国しても無害である（たいしたことはできない）」と報告していた（＊4）。

ペトログラードでは、危険分子とみなしたラスプーチンを暗殺するほどに警戒したMI6が、SW5の意見を容れ、レーニン一行の帰国に何の対処もしなかった。今から考えれば不可解である。しかし、後にケレンスキーが語っているように（後述）、この時点での、レーニンらに対する一般的評価は、エージェントSW5の報告どおりだった。マイナー勢力である過激共産主義者グループがロシアの実権を掌握するなどと思うものはいなかったのである。

ペトログラードのブキャナン英駐露大使も、レーニン一行が帰国の旅についたことを聞いていた。彼は、臨時政府のミリューコフ新外相とこの件について話し合った。ミリューコフは、「懸念は無用だ」と一笑した。ミリューコフは、レーニンがドイツの助けを借りたことは致命的なミスだと決めつけた。「ロシア国民が、ドイツのエージェントになった人物の訴えに耳を傾けることはない」。これがミリューコフの判断だった。彼は、ドイツが信じられないほどの大金を彼らに提供していたことをまだ知らなかった。

ドイツ政府は、レーニン一行のスウェーデン入りについても支障がないよう精力的に動いていた。当時、ドイツ国内で天然痘が発生したこともあって、入国拒否あるいは一定期間の隔離措置も心配された。そうした事態にならないよう、ドイツ外務省はスウェーデン政府に圧力をかけていた。4月10日の夜遅い時間、「スウェーデン政府はレーニン一行の受け入れと同国通過を許可する」との報が、ベルリンにすでに届いていた（＊5）。

「ロシア人連中（レーニン一行）のスウェーデン入りが拒否された場合、独陸軍参謀本部は、独露の戦いの前線を突破して彼らをロシア国内に入れるオプションを検討しなくてはならなかった」（独政府4月12日覚書）がその必要はなくなっていた（＊6）。

ホテルの食事で腹を満たしたレーニン一行は、夜行列車でストックホルムに向かった。首都ストックホルムには翌朝（13日）9時に到着した。ここでも市長や社会主義者が出迎えた。多くの新聞記者やカメラマンも待ち受けていた。さらには当時としては珍しい活動写真のカメラマンまで出ていた。しかし、いま残っているのは左頁の写真だけである。

この日も、レーニンはストックホルムの同志との協議に臨んだ。もっぱらペトログラー

ストックホルムのレーニン一行（1917年４月13日）
傘を持って歩く男がレーニン、大きな帽子をかぶった女性が妻のナジェージダ、その左後ろが愛人イネッサ

ド情勢の情報収集が中心であった。ドイツからはたしかに十分な資金が提供されていることも聞かされた。協議が終わると同志たちは、レーニンに服を新調するよう説得した。服だけでなく靴も新しい革靴に替えさせた。スイス脱出以来履いていた山岳ブーツ（靴底に鋲が打ち付けられていた）は、新調のスーツには似合わなかった（＊7）。この写真から、妻も愛人も洒落た服装であることがわかる。彼女たちもドイツから提供された資金で、服を新調したに違いなかった。

レーニンは、スウェーデンの同志にドイツの支援を懸命に正当化（言い訳）した。

「ドイツのスパイと思われるような人物との接触は一切ない」

「スイスからの帰国を妨害したのは帝国主義の英国である。だからドイツの助けを借りざるを得なかった」

「この革命には、ボルシェビキの指導力が不可欠だ。ドイツの帝国主義者や資本主義体制にとって、われわれの指導のほうがケレンスキーやミリューコフのそれより格段に危険であることをすぐに思い知るだろう」（＊8）


一行はこの日もホテルのベッドで眠ることはできなかった。夕刻の列車でフィンランド国境近くの町ハパランダ（スウェーデン側）に向かわなくてはならなかった。スウェーデン外相（元首相）アルヴィッド・リンドマンは保守主義者であり、レーニン一行が首都に留まることを嫌っていた（＊9）。

レーニンの出立を聞きつけて多くの社会主義者がストックホルム駅に集まった。手に手に赤旗を持ち、インターナショナルを歌った。午後6時37分、一行の乗る夜行列車は北西に向かって走り出した。レーニンと同行の女たちは、別れを惜しむ社会主義者から贈られた花束を抱えていた（＊10）。

革命商人パルヴスはストックホルムにいた。彼は、この町でレーニン一行の到着を待っていた。レーニンと今後の資金援助の方法について打ち合わせておきたかったのである。しかし、レーニンとは会えなかった。レーニンは、ドイツのエージェントであると非難を受けないよう細心の注意を払っていた。ドイツとの貿易で財を成している人物との接触は避けなくてはならなかった。レーニンとの接触を諦めたパルヴスは同行のラデックと詳細を詰めた。

「レーニン伝を書いたモーガンによれば、一三日に、パルヴスとラデックが『いかに（ドイツから支出された）金がロシアにおけるボリ（ル）シェビキの手にわたるべきかを取り決めたことはほとんど確実』だった。これに呼応するかのように、レーニンはわずか八、九時間のストックホルム滞在中に、今後の旅費を工面しただけでなく、ハネツキーと党組織問題を論じあっている」（＊11）

ハネツキー（前出のヤコブ・ハネッキのこと。Hanecki: Jacob Fursteinberg）は、パルヴスの共同経営者であり、レーニンの信頼が厚い人物であった（＊12）。パルヴスは、レーニン一行の無事な出発を見届けると、ベルリンに向かい、ツィンメルマンと会見した（18日）（＊13）。何もかも順調にことが進んでいることを説明したのであろう。

＊1：*Lenin on the Train*, pp159-160
＊2：Lenin's Journey That Shook The 20th Century, Rail System, April 13, 2020
https://www.railsistem.com/blog/2020/04/13/lenins-journey-that-shook-the-20th-century/
＊3：*Lenin on the Train*, p166
＊4：同右、pp161-162
＊5：同右、p163
＊6：同右、p164
＊7：Lenin's Journey That Shook The 20th Century
＊8：*Lenin on the Train*, pp194-195

＊9：同右、p195
＊10：同右、p198
＊11：パルヴスとボルシェヴィキ革命、580頁
＊12：同右、564頁
＊13：同右、581頁

第四節　フィンランド国境

レーニンは、車内で、ストックホルムで買い込んだ最新のロシア語新聞を貪り読んだ。そこには「臨時政府は対独戦争の継続を決定し、ペトログラード・ソビエト執行部も協力を決めた」と報じられていた。「裏切者の豚野郎!」。これがレーニンの口から出た言葉だった。夜行列車の浅い眠りの中で彼の怒りは増した。しかし、しばしその憤りを抑え、フィンランド（当時はロシア領土）入国時の振る舞いを同志と打ち合わせなくてはならなかった。入国時に官憲の妨害があった場合、レーニンを含む5人をグループ全体の代表とす

ること、その他のメンバーは、黙秘を貫き、いかなる書面にもサインしないことが決められた(*1)。

翌朝(4月14日)5時30分、列車は中継地ブラッケに到着した。ここでフィンランドと国境を接する町ハパランダ行きの列車に乗り換えるのである。スウェーデンは、ロシアの(潜在的)侵攻を恐れ、フィンランドに向かう鉄道の建設には消極的であった。侵略軍(ロシア軍)に利用されるのを恐れたからである。それでも、第一次大戦開戦時には、鉄道はフィンランドとの国境となるトルネ川西岸の寒村カルンギまでは通じていた。国境貿易のための路線が必要だったのである。大戦の勃発で、協商国はスウェーデンの陸路を使って物資輸送を増やした。海路ではUボートに沈められる危険が高かった。そのこともあり、大戦が始まると、スウェーデンはカルンギの南およそ25㎞にある村ハパランダまで路線を延伸した(1915年7月)。トルネ川対岸にあるフィンランドの村トルニオへのアクセスを容易にすることで、物資の搬送を効率的にできた。

レーニン一行が、カルンギでハパランダ行きの列車に乗り換えたのは日曜日(15日)の早朝4時であった。貧弱な列車はトルネ川西岸の沼沢地帯をゆっくりと南に進み、25㎞を3時間かけてハパランダに入った(*2)。この町には、ロシアに送る貨物が溢れていた。

トルネ川に懸けられた貨物運搬ケーブル

鉄道用の橋はなかったから、そうした貨物は鉄塔の上に張られたケーブルでフィンランド側に運ばれていた。貨物の中には北京、上海あるいは東京仕向けのものもあった（＊3）。

レーニン一行はトルネ川を渡り、フィンランドの入国管理事務所に向かった。彼らが利用したのは川橇《かわぞり》だった。4月とはいえ北極圏に近いこの川は凍結していた。馬に曳かせた橇で渡る方法が最も便利だった。ジノヴィエフの回想録によれば、みな橇の上で押し黙り空を眺め、これからの成り行きを思案していた（＊4）。

フィンランドの村トルニオはトルネ川の中州にあり、国境警備はそれなりに厳重であった。得ていた情報では、税関や入国管理の役人およそ65人がつめているはずであった。しかし現実にはその数は少なく16人がいただけだった。それでも、審査は厳重だった。彼らの所持品は数時間にわたって検査された。中には下着まで脱がされたものもいた。ロシア人ではないフリッツ・プラッテンは入国を拒まれた。

レーニンに対する審査も厳しかった。故意にゆっくりとした取り調べが数時間続いた。レーニンはあくまでも自分はジャーナリストで故国に戻るだけであると繰り返した。レーニン一行の取り調べの詳細と、なぜ彼らの入国が認められたのかはよくわかっていない。後のニューヨーク・タイムズ紙の報道（1919年）によると、元米国陸軍中尉A・W・クリエフォスという人物が入管事務を担当していたらしい。彼によれば、レーニン一行の入国の可否を、ペトログラードのケレンスキーに問い合わせたようだ。返ってきた答えは、「民主化されたロシアは、自国民の入国を拒むことはない」だった。クリエフォスは、レーニンが危険人物であることをわかっていたが、これで入国を認めざるを得なくなったらしい（＊5）。

レーニン一行の入国についてはもう一つの説もある。審査を担当したのはクリエフォスではなく、ハロルド・グルナーという英国のエージェントだったというのである。グルナーは、レーニン本人を徹底的に調べ上げた。衣服を脱がせての検査（ストリップサーチ）、所持する書籍や文書類のチェックを夕刻6時まで続けた。彼もレーニンの危険性をわかっていたが、そこまでであった。ペトログラードの上司スチーブン・アレイ少佐（駐在武官）から、何の指示も届かなかった。結局グルナーは、審査結果を待つロシア官憲に入国許可でよいと伝えた。それを受けたロシア官憲はそのままレーニン一行を入国させたというのである（＊6）。

フィンランドに入った一行は喜びに沸いた。彼らはこの地に入れば相当に安全であることを知っていた。この数日前に開かれたフィンランド国会（エドゥスクンタ）では、社会主義勢力が多数派になっていた。フィンランドが彼らに寛容であることは確実だった。レーニンは、ペトログラードに暮らす妹マリアに電報を打った。

「明朝（月曜日）11時にペトログラードに入る：ウリヤノフ（レーニン）」（＊7）

一行は、再び夜の列車で旅立った。夜が明ける頃には、沿線の雪はほとんど消えていたがまだ春には遠く、野草さえもまばらな荒い地肌が続いていた。夜行列車はおよそ750㎞を南に走り、ヘルシンキの北の中継駅で、ペトログラード行きの列車に乗り換えた。ここからペトログラードまではおよそ400㎞であった。
レーニンは、フィンランドに入るとすぐにプラウダ紙を買い、自らの寄稿記事が掲載されているか探した。彼はこの頃、プラウダに2本の論考を寄稿していたが、1本しか見つけられなかった。それは4月3・4日付のプラウダ紙にあった。しかし、(ブルジョワ)暫定政府への非協力あるいは他の勢力との連帯の拒否を訴える部分は削除されていた。ペトログラードの同志は彼の主張を受け入れていなかった(*8)。

*1:*Lenin on the Train,* pp199-200
*2:同右、p200
*3:同右、p201
*4:同右、pp200-201
*5:同右、pp207-208
*6:同右、p208
*7:同右、p209
*8:同右、p210

第五節　ペトログラード「凱旋」

レーニン一行がベロオストロフに入った頃にはもう辺りは暗くなっていた（4月16日）。この町はペトログラード中心地から北に40㎞足らずの距離にある。ここまで来ても一行は落ち着かなかった。この町の先からがロシアプロパーの土地であり再び入国審査がある。ここからがレーニンらボルシェビキ過激派を警戒するロシア臨時政府の真の管轄となる。危険人物とみなされればそのまま警察に連行される（＊1）。しかし彼らの恐れは杞憂となった。一行へのまともな検査はなく列車はそのままペトログラードに向かうことを許された。

トルニオからの電報を受けた妹マリアは、ボルシェビキ中央執行委員会にレーニンがこの日遅く帰国することを知らせていた。知らせはたちまち支持者の間に広がった。ベロオストロフの南7㎞にあるセストレツク駅では軍需工場の労働者が彼らを待っていた。みな市内から16㎞も歩いてやってきていた。そこには、レフ・カーメネフやフェドール・ラスコーリニコフ（後の駐アフガニスタン大使）の顔もあった（＊2）。レーニン一行を運ぶ列車は、彼らが待つプラットフォームに入ってきた。そこには灯はなく暗闇であった。

「（暗闇の中を）まぶしいほどの三つのライトをつけた機関車が入ってきた。機関車に曳かれた客車の窓を通してレーニンらしい男の姿が見えた。（中略）列車がゆっくりと停まるとそれは確かに同志レーニンであった」（ラスコーリニコフ）（＊3）

群衆は列車が完全に止まるのを待ちきれず、レーニンの乗る客車まで走り寄り手を振った。あまりの歓迎ぶりに呆然とするレーニンを彼らは肩車で駅舎に担ぎ出した。ここでレーニンもロシアに戻ったという安堵の気持ちが湧いたらしく、周囲の誰彼構わず抱擁した。それが終わると椅子に立って即興の演説を始めたが、すぐに発車のベルが鳴った。いよいよペトログラード最終駅（フィンランド駅）に向かうのである。

フィンランド駅でも歓迎の準備が進められていた。電報が入ってからわずか15時間であったが、軍需工場の労働者は歓迎の横断幕やプラカードを準備していた。クロンシュタットの海軍基地は軍楽隊だけでなく、一部隊を儀仗兵《ぎじょうへい》として派遣していた。

ペトログラード・ソビエトのメンシェビキ派はレーニンの帰国が憂鬱だった。その一人イラクリー・ツェレテリは迎えに出ることを拒否した。同じくメンシェビキのニコライ・チヘイゼとマトヴェイ・スコベレフは、レーニンの帰国が面倒を引き起こすだろうことをわかっていたが、フィンランド駅のインペリアル待合室でレーニン一行を待った。ソビエト議長であるチヘイゼは、臨時政府に協力の立場だっただけに、レーニンのペトログラード入りは鬱陶しいものだった。息子の戦死の報が届いたばかりで悲しみのどん底にあった。スコベレフはその空気を和らげようとジョークを飛ばしていたがチヘイゼはにこりともしなかった（＊4）。

レーニンの列車は遅れに遅れ、フィンランド駅に姿を見せたのは午後11時を少し回っていた。遅れがむしろ待つものの期待を膨らませた。ほとんどがレーニンを見たことがなかったが、なぜか救世主が凱旋するような気持ちになった。暗闇の中を進んでくる列車を確認した第二バルチック艦隊軍楽隊は演奏を開始した。ここでも奏でられた曲はレーニンの好むインターナショナルではなく「ラ・マルセイエーズ」であった。レーニンの姿を見つけた女たちは人の波をかき分け次々に用意の花束を捧げた（＊5）。

これに続いてチヘイゼが、「われわれはこの革命を邪魔する外部の敵だけでなく内なる敵とも戦う。そのためには団結が必要だ」（＊6）と型どおりの歓迎の言葉を述べた。レーニンはこれを無視し、迎えの群衆に持論を訴えた。

「同志諸君、ここにロシア革命に勝利できたことを共に喜びたい。諸君はプロレタリアート前衛軍なのである。帝国主義者による戦争は、ヨーロッパ全体に広がる市民戦争の幕開けである。カール・リープクネヒトの呼びかけで、(ヨーロッパ各国の)大衆が資本主義者連中に対して武器を取る日は近い。世界革命の夜明けは来た。諸君が成し遂げたロシア革命が新時代を切り開いたのである。世界革命万歳!」(*7)

スピーチを終えたレーニンは肩車に乗せられ駅舎の外で待つ車(装甲車)に運ばれた。闇夜をペトロ・パウロ要塞から放たれる幾筋ものサーチライトの光が照らしていた。レーニンを乗せた車は市内中心部にあるアールデコ調の瀟洒《しょうしゃ》な邸に向かった。ニコライ二世の愛人だったマチルダ・クシェシンスカヤの住まいを、ボルシェビキが接収し、本部にしていたのである。

ボルシェビキ本部は、1階の大広間にレーニン一行のための夜食を用意していた。広間の一角には、マチルダがリサイタルに使ったベルリンから取り寄せたグランドピアノが放

マチルダ・クシェシンスカヤ旧邸（ボルシェビキ本部）

置されていた。共産主義者の本部には似合わない代物だった。レーニンは用意の夜食には目もくれず、2階のバルコニーに向かった。バルコニーは大通りに面し、深夜にもかかわらず少なくない数の支援者が集まっていた。レーニンは彼らを前にして自説をここでも繰り返した。

邸内に戻ったレーニンが、ボルシェビキ同志に改めて語り掛けたのは日も変わった午前2時のことである。臨時政府を徹底的に批判し、「いかなる勢力（特にメンシェビキ）とも『共謀』してはならない」、「彼らはドイツとの戦争継続を容認している」と吠えた（＊8）。

この日、ストックホルムにいたドイツ

工作員は本国に次のように報告した。

「レーニン帰還作戦成功。彼は我々の期待どおりに動いている」(＊9)

＊1：*Lenin on the Train*, p212

＊2：同右、pp212-213

＊3：同右、p213

＊4：同右、p215

＊5：同右、p217

＊6：同右、p218

＊7：Marge Anderson, Lenin's Address at The Finland Station, Big Site History, June 15 2008

＊8：*Lenin on the Train*, p223

＊9：*1917: Lenin, Wilson and the Birth of the New World Disorder*, p159

253頁　写真：Alamy／アフロ

第七章　ボルシェビキ（11月）革命と英国の悔恨

第一節　崩壊寸前のフランス陸軍、救世主ペタン

前章でレーニンのペトログラード入りの顚末を書いた。6月26日、米外征軍（ＡＥＦ：American Expeditionary Force）の第一陣はフランス西部の港町サン・ナゼールに上陸した。しかし、その数はわずか1万４０００人で、そのほとんどが、訓練の行き届かない兵士だった。歴戦の英陸軍士官らは彼らを「のろま小僧（Doughboys）」とからかった（＊1）。

司令官ジョン・パーシング将軍は、フランス国内に「のろま小僧」の訓練センターを設置しなくてはならなかった。兵站のロジスティクスも独自に構築しなくてはならなかった。米国陸軍は、ＡＥＦが英仏軍の指揮下につくことを拒否していた。米国陸軍の戦線参加はまだ当分先のことであった。

米軍の戦力が期待できない5月から6月かけて、仏陸軍兵士の命令不服従が顕著になった。6月にはフランス軍の半分（およそ54師団）が統制不能に陥っていた（＊2）。仏軍兵士の反乱には、ドイツのプロパガンダの成功があった。先に書いたように、前年（16

年）末には、ドイツは英仏に講和を投げかけていた。それが拒否された以上、物理的戦いで徹底的な勝利を収めるほかなかった。無制限潜水艦攻撃もレーニン帰還作戦もその決意の表れであった。

仏軍兵士反乱の最初の気配がまず見えたのは4月21日のことだった。この日、前線で戦っていた仏植民地第1歩兵師団の兵士を乗せて帰るトラック部隊があった。その荷台から兵士たちは体を乗り出し、「死なずに済んだ！　平和万歳！」を叫んだ。5月3日には、前線に配置された仏植民地第2歩兵師団が塹壕から出ることを拒否した。そしてもう攻撃に参加しないと決めた。「5月第1週が終わる頃には、全フランス陸軍が反乱してもおかしくない空気になっていた」（＊3）。ロベール・ニヴェル将軍が、16年末に計画したシュマンデダムの戦いは4月16日から始まっていたが、失敗に終わりおよそ18万7０００人の仏軍兵士が戦死、負傷あるいは捕虜となっていた（＊4）。

命令不服従の兵士の所持品の中に、ドイツが配布したロシア陸軍の敗勢を伝えるパンフレットも見つかっていた。仏軍兵士はロシアの3月革命を、「戦いを止めたい兵士の反乱」と考え、それに呼応したのである。フランス国内ではストライキも始まった。

4月29日、フランス政府は春の攻勢に失敗した陸軍総司令官ロベール・ニヴェルを更迭

アンリ・ペタン将軍（1856〜1951）

し、後任に61歳の老将軍アンリ・ペタンを充てた。ペタンはサンシール陸軍士官学校で学んだ生粋の仏軍人だった。彼は、塹壕戦は防衛側に有利であることに気づいていた。前任のニヴェルとは異なりドイツ軍を叩くのではなく、パリへの侵攻をけっして許さない方針（They shall not pass）に切り替えた。

ペタンは、反乱兵士を軍法会議にかけ厳罰に処した。有罪とされたものは2万3000人に及び、432名が死刑となった（実際に射殺されたものは49名）（＊5）。ペタンはその一方で兵士の負担を軽減するために塹壕戦で戦う兵士を2週間のローテーションで交代させた。自身も頻繁に前線に出て士気を鼓舞した。30日で90師団を訪れ、軍の崩壊を防いだ。7月には、反乱の空気は消えた。

ペタンは、兵士には、時が来るまでは大規模な反転攻勢に出ないと約束した（その攻勢が始まったのは米軍の訓練が終わり本格的に前線参加が可能になった1918年の夏のことであった)。ペタンの指揮がなければ、仏軍は崩壊していた。

ペタンは、第二次世界大戦では、ナチスドイツに敗北したフランスの「傀儡《かいらい》」政権の首班となり、一般の歴史書では評判が悪い。しかし、彼は第一次大戦では仏の救世主だった。ペタンは第二次大戦後、ヒトラーに協力した罪を問われたが、フランスはペタンを処刑しなかった。

＊1：First U.S. troops arrive in France
https://www.history.com/this-day-in-history/first-u-s-troops-arrive-in-france

＊2：*1917: Lenin, Wilson and the Birth of the New World Disorder*, p171

＊3：同右、pp169-170

＊4：Andrew Knighton, Massive Morale Collapse of the First World War, June 21 2017
https://www.warhistoryonline.com/world-war-i/5-massive-morale-collapses-first-world-war.html

＊5：*1917: Lenin, Wilson and the Birth of the New World Disorder*, p172

第二節　トロツキーの帰国、英国の妨害

37歳のレフ・トロツキーがロシア3月革命の報を聞いたのは、ニューヨークであった。当時、彼は革命思想の危険人物として追われ、ニューヨーク市郊外のブロンクスで暮らしていた（ニューヨークには17年1月13日到着）。ニューヨーク到着の翌日、「私は血なまぐさいヨーロッパを発ってこの町にやってきたが、（ヨーロッパでは）必ず革命が起きる。その信念は変わらない」と書き残していた（＊1）。

トロツキーの本名はレフ・ダヴィーギヴィチ・ブロンシュタインで、ウクライナ南部の村ヤノフカ（現ベレスラフカ）に生まれた（1879年）。ユダヤ人の両親は裕福な農家だったこともあり、彼を黒海の港町オデッサの学校に通わせた。トロツキーはここで英仏独語を学んだ。ナロードニキ運動に参加していた彼がマルクス主義に傾倒したのは1896年のことである。最初の妻となるアレキサンドラ・ソコロフスカヤの影響である。翌年には南ロシア労働者ユニオンを結成し、労働者や学生へのアジテーションを始めた。98年には逮捕され、翌99年、モスクワの監獄に移送された。ここで多くの革命思想家と

知り合い、レーニンの存在を聞かされた。発表されたばかりのレーニンのデビュー作『ロシアにおける資本主義の発展』を読んだのはこの頃である。この年にはアレキサンドラとモスクワの監獄で獄中結婚した。1900年には、6年のシベリア流刑が決まり、バイカル湖に近いシベリア南部の村ウスチ・クートに送られた。翌01年にはジナイダ、02年にはニーナの二人の娘に恵まれた。

02年トロツキーは、シベリアからロンドンに逃げた。03年にはアレキサンドラと別れ、ナタリア・セドヴァと再婚した。この年ロンドンで開かれた第2回ロシア社会民主労働党大会に参加した。ボルシェビキとメンシェビキがはっきりと分裂したのはこの大会である。トロツキーは、ボルシェビキに属した。

05年4月の第3回ロシア社会民主労働党大会（ロンドン）では、ロシア農民の蜂起があれば革命は可能であると訴えた。この年、血の日曜日事件を聞いた彼は、ひそかにキエフ経由でサンクトペテルブルク（ペトログラード）に入ると、後の革命商人アレクサンドル・パルヴスとロシア語革命新聞の編集に携わった。

06年、武装蜂起を煽った罪で再びシベリア（オビ川河口の町サレハルド）送りとなった。ここでも警備は緩やかで、ロンドンに逃げた（07年）。07年5月には第5回ロシア社会民主労働党大会（ロンドン）に参加した。レーニンやスターリンも顔を見せ、ボルシェビキがこの大会を主導した。08年にはウィーンに移りプラウダの編集に関わった。同地で印刷されたプラウダはロシア国内にひそかに持ち込まれ革命思想の拡散に利用された。第一次世界大戦が勃発するとスイスに逃げ、さらにフランスに移った。フランスは彼の活動を嫌いスペインに放逐した。スペインも彼をアメリカに追い払った。

トロツキーはこうしてニューヨークにやってきた。ニューヨークは亡命革命家の巣窟であった。ほぼ一文無しでやってきたトロツキーが頼ったのは、すでにこの町に逃げていたニコライ・ブハーリンだった。彼とともに革命雑誌『ノーヴィ・ミール（Novy Mir）』の編集に携わった（＊2）。トロツキーは演説上手だったこともあり、フィラデルフィアなどの労働組合に乞われて演説し、その講演料で糊口をしのいだ。

ニコライ二世退位の報を聞いたトロツキーは直ちに帰国を決めた。いよいよ待ちに待った革命の始まりである。トロツキーは米国の参戦には反対であった。ニューヨークを発つ直前、ハーレム・リバーパークカジノで次のように演説した。

「とにかく労働者の組織化を続けなくてはならない。そうすれば必ずやこの腐りきった資

本主義政府（米国）をも転覆させることができる」（＊3）

１９１７年3月27日、トロツキーは妻ナタリアと二人の息子（9歳、11歳）を連れ、客船クリスチアナフィヨルド号でニューヨークを発った。３日後の30日、同船はカナダ・ノバスコシア州の港町ハリファックスに寄港した。戦時であるだけにカナダ（英国）官憲による厳しい検査があった。英国は、過激革命家の動向に神経質だった。４月３日、同船に乗り込んできた英国官憲は、トロツキー一家（および同行の革命家）を拘束し、アマーストト（ハリファックスの北およそ２００㎞の港町）にある収容所に連行した（＊４）。

これほど迅速にトロツキーが拘束されたのには理由があった。ニューヨーク周辺でのロシア人革命家の動向はＭＩ６（英国秘密情報部）によって逐一把握されていたのである。ニューヨークのＭＩ６はウィリアム・ワイズマン卿が指揮していた。ワイズマンは、英国諜報活動の歴史の中でも最も輝かしい成果を残した一人として知られている（＊５）。英国は、対独戦争開始と同時に米国の支援（参戦）を求める工作を開始していた。ワイズマンはニューヨークにアジトを構えると（１９１５年）、ウィルソンを大統領候補に引っ張り出したエドワード・マンデル・ハウスと接触した。ハウスは、ウィルソン政権では国務長官就任を請われたが固辞し、大統領特別顧問としてウィルソンの影の男として影響力を発揮した。

ワイズマンらの主たる任務は、ハウスを利用して米国外交を親英に傾斜させることだった。そして同時にドイツのスパイ工作を監視しながら彼らの対米外交を妨害することにあった。米国で活動するドイツスパイ組織の活動は多岐にわたるが、その活動の一つにインド独立派の支援があった。彼らの活動は米国西海岸で活発であったが、MI6はそうした活動にも監視の目を光らせていた。1916年から17年にかけては、ニューヨークにやってきたロシア人革命家の動きも警戒した。トロツキーはその警戒網にかかった。

MI6は、とりわけ3月20日のトロツキー演説を問題視していた。この日彼はマンハッタン東5番街にあるベートーヴェンホールで演説し、ロシア革命の継続をアジるだけでなく、米国を含む諸外国での蜂起（革命）を訴えた。このことはワイズマンに詳細に報告された（＊6）。

3月27日、1万ドル（現在価値約15万ドル）を所持して、33人の同志とともに客船クリスチアナフィヨルド号に乗船し帰国の途に就いたこともMI6本部に報告されていた。これがハリファックスでトロツキーが拘束された背景であった。

トロツキーが拘束されたアマースト収容所

アマースト収容所には多くのドイツ人戦犯がいた。トロツキーはたちまち彼らの人気者になった。収容所長は次のように報告している。

「彼（トロツキー）は過激革命思想家であり、強烈な個性を持っている。その個性ゆえか、わずか数日で収容所の人気者になった」（＊7）

トロツキーの危険性ははっきりと認識されていたにもかかわらず、アマースト収容所がトロツキーらを解放したのは、クロード・ダンゼイの指示があったからだった。ダンゼイはＭＩ５（英国内諜報担当）に所属し、当時、港湾の安全を担当していた。たまたまハリファックスにいた彼は、それまでに寄せられた情報をベースに、トロツキーらの解放を決めた。

「新ロシア政府（臨時政府）は、必ずトロツキーの解放を求めてくる。彼（ら）が、確実に危険人物であるという証拠がない限り、拘束を続けられない」（＊8）

ダンゼイは今から振り返れば致命的な間違いを犯した。その後の世界の歴史を激変させた判断ミスであったが、当時、トロツキーらの拘束は大きな外交問題になっていたことも事実だった。本来であればトロツキー拘束を歓迎すべきロシア臨時政府でさえも、民主的国家に変貌したことをアピールしたかったらしく、トロツキーの解放を同国モントリオール領事館を通じてカナダ政府に要求していた。革命雑誌『ノーヴィ・ミール』もトロツキー拘束を批判し（4月10日付記事）、編集長は、ロシア臨時政府法務大臣アレキサンドル・ケレンスキーに電信でトロツキー解放を訴えた（＊9）。収容所がダンゼイの指示に従ったのはそれが理由だった。

5月3日、解放されたトロツキー一行は、再びロシア行きの汽船に乗り込んだ。収容所のドイツ人捕虜は、即興の楽団を編成し、「インターナショナル」を演奏し別れを惜しんだ（＊10）。ＭＩ５が、金に困っていた彼らの帰国費用（およびトロツキー所持の1万ドル）はドイツの秘密資金から出ているのを確認できたのは、一行がロシアに帰国した後であった（＊11）。

＊1、2：John Peterson, Trotsky in January 1917: "Bronx Man Leads Russian Revolution" January 13, 2017
https://www.bolshevik.info/trotsky-in-january-1917-bronx-man-leads-russian-revolution.htm#:~:text=One%20hundred%20years%20ago%20today%2C%20on%20January%2013%2C,the%20exuberant%20city%20before%20returning%20to%20revolutionary%20Russia.
＊3：*1917: Lenin, Wilson and the Birth of the New World Disorder*, p226
＊4：Julien Arseneau, One Hundred Years ago: Trotsky leaves Canada for the revolution, April 28, 2017, Fughtback
https://www.marxist.ca/article/one-hundred-years-ago-trotsky-leaves-canada-for-the-revolution

＊5：Henry Hemming, *Agents of Influence*, PublicAffair, 2019, p23
＊6、7：*MI6*, p145
＊8：Richard Norton-Taylor, MI5 detained Trotsky on way to revolution, Guardian, July 05, 2001
＊9、10：Silver Donald Cameron Blog, Trotsky in Amherst
http://www.silverdonaldcameron.ca/trotsky-amherst
＊11：*MI6*, p146
265頁　写真：Alamy／アフロ

第三節　ボルシェビキと臨時政府との攻防　その1：少数派ボルシェビキ

レーニンはペトログラードに戻るとボルシェビキの同志に今後のとるべき方針を発表した（4月17日）。封印列車の中で考え続けてきた過激な訴えだった。臨時政府への完全なる非協力、帝国主義戦争からの離脱、民衆の武装（常備軍、警察の廃止）、民兵組織化、労働者による生産統制などが基本だった（4月テーゼ）。レーニンの主張は、あまりにも過激で、妻のナジェージダさえ、夫が精神錯乱を起こしたのかと心配した。彼はこれを、ボルシェビキの基本方針としたかったが、ボルシェビキ中央委員は誰一人肯《がえ》んじなかった。

レーニン帰国からおよそ1週間が経った4月25日、臨時政府は集会の自由、結社の自由を保障する新法を成立させた。対独宣戦布告を決めたウィルソン大統領は、今次の戦いを民主国家対専制国家の戦いと位置付けたことはすでに書いた。新法成立はウィルソン大統領の主張に呼応する外交戦術でもあった。政治活動の自由はこの新法成立以前に実行に移されていた。3月25日には、臨時政府の「政治的大赦により、シベリアからカーメネフ、スターリンが首都（ペトログラード）に帰還」（＊1）していた。

臨時政府は、正式なロシア政府として協商国の国家承認を受けた。新政府が、民主主義国家として生まれ変わったことをアピールしたかった。そのことのほうが、ボルシェビキ革命分子の動きを封じるよりも大事に思えた。当時のボルシェビキにはほとんど力はなかった。これが致命的な判断ミスであった。

臨時政府は、民主主義国家の体裁を整えながら、協商国の戦争継続の期待に応えた。5月1日、ミリューコフ外相は協商国との間で、「対独戦争完全勝利までの戦争継続を目指すと同時にロシアは新領土の獲得を期待する」との密約を結んだ。新領土の中でも、コンスタンチノープル（トルコ）とダーダネルス海峡の覇権が最重要だった（＊2）。黒海と地中海の自由航行はロマノフ王朝以来の野望だった。「新民主主義国家」となった臨時政府はその思いを引き継いだ。

ミリューコフの「密約」はたちまちリークされた（5月3日）。戦いを止めたい下級兵士たちは憤った。彼らは2日間にわたって町に繰り出し抗議した。ボルシェビキにとって勢力拡大のチャンスだった。臨時政府を激しく非難する決議案は翌4日プラウダで発表された（＊3）。「臨時政府は帝国主義政府そのものであり、英仏およびわが国資本家の手先である」、「彼らのわが人民へのこれまでの、そしてこれからの約束はすべて欺瞞《ぎまん》である」、「彼らは金融資本と結託して、領土拡大を諦めていない」、「彼らの方針はナロードニキ、メンシェビキあるいは現在のソビエト（労働者兵士農民評議会）の主流派が作ったものであり、（資本主義体制を）修正によって是正できるという偽りの希望を人民に植え付けている」。

ボルシェビキは、このように多数派勢力を徹底的に糾弾した。しかし彼らは、ソビエト内主流派に退けられた。ソビエトは、臨時政府に参加し連立政権の構成メンバーとなる道を選んだ（5月14日）。臨時政府が、ソビエト内部の闘争に敗れたレーニンらボルシェビキを警戒する理由はなかった。

臨時政府は、戦争継続密約の露見で閣僚を入れ替えた。首相はゲオルギー・リヴォフが留任したが、外相にはミリューコフに代わってミハイル・テレシチェンコが蔵相から横滑りした。陸海軍相も、アレクサンドル・グチコフからアレキサンドル・ケレンスキー（司法相）に代わった。ソビエトからは主流派メンシェビキのイラクリー・ツェレテリが郵政相に、マトヴェイ・スコベレフが労働相に入閣した。

レーニンは、やっとの思いでペトログラードに入ったものの、彼の過激思想に耳を傾けるものは少なかった。しかし、ここに強力な助っ人が現れた。英国の拘束から解放されたトロツキーである。5月17日、彼はペトログラードにやってきた。トロツキーは、翌18日、ペトログラードソビエトの同志を前にして、臨時政府に協力するメンシェビキを激しく批判した。

「（前略）君たちが成し遂げた革命は、わがロシアだけでなく、ヨーロッパそしてアメリカまでも揺るがしている。新しい時代が始まった。そのことは諸君にもわかるはずだ。

（中略）国家間の戦いではなく、被抑圧階級の抑圧者階級への戦い（階級闘争）なのである」（嵐のような拍手）

「英国ブルジョワ政府は、われわれを逮捕しカナダの捕虜収容所に監禁した。そこには捕虜となった独軍士官100人、独軍水兵800人がいた。彼らはわれわれがどうして捕虜になったのか聞いてきた。『われわれはロシア国民だから監禁されたのではない。社会主義者だから連行されたのである』と答えてやると、彼らも、『自分たちもドイツ政府や皇帝（ヴィルヘルム二世）の奴隷に過ぎない』と返してきた。われわれはドイツ人プロレタリアートと友人になったのである」

「ロシア革命は世界革命へのプロローグに過ぎない。（中略）臨時政府との連立では世界革命などできはしない。革命の火は連立政権となれば消えてしまう。われわれは3つのことを肝に銘じなくてはならない。第一に、ブルジョワジーを信用してはならないこと、第二に、自らの指導者をしっかりとコントロールしておくこと、第三には革命の力に絶対の信頼を置き続けることである」（＊4）

トロツキーのスピーチは5月20日付のイズベスチヤで報じられた。連立政権への非協力、対独戦争停止の主張を盛り込んだトロツキースピーチは、孤立するレーニンへの最高の贈り物だった。

＊1：パルヴスとボルシェヴィキ革命、574頁

＊2：MILIUKOV'S NOTE ON WAR AIMS, April 18/May 1, 1917
https://www2.stetson.edu/~psteeves/classes/miliukovwaraims.html

＊3：ボルシェビキ決議1917年5月3日（5月4日プラウダ発表）
https://www.marxists.org/archive/lenin/works/1917/apr/20d.htm

＊4：Speech at a session of the Petrograd Soviet（World Socialist Web Site の英文資料）
https://www.wsws.org/en/articles/2017/05/19/ltsp-m19.html

第四節　ボルシェビキと臨時政府との攻防
その2：ケレンスキー攻勢の準備

トロツキーのペトログラード帰還はレーニンには心強かったが、レーニンらの言動は常軌を逸しているとみなされていただけに、首都ペトログラードでは少数派の悲哀が続いていた。しかし、ドイツとの苦しい戦いを強いられている前線のロシア軍兵士の間には、停戦を求めるボルシェビキの訴えがひたひたと浸透していた。ロシア陸軍はロジスティクスが弱いだけに前線の兵士の士気は１９１７年に入っても下がり続けていた。そのことは、１９１７年3月から5月にかけて40万から70万人の兵士が逃亡したことからも明らかであった。

軍の指揮系統も混乱していた。ペトログラードソビエトは革命後の3月、ソビエト指令第一号を発した。そこには、軍（兵士）は臨時政府軍事委員会の指示に従うべしと書かれていたが、「その指令がソビエトの方針と矛盾しない限りにおいて」とする付帯条件があった。この頃、臨時政府は、民主化の一環として、死刑を廃止していた。兵士の軍規違反に対しても適用された。これが兵士の逃亡を促していた。

前線がこれほど危機的であったにもかかわらず、臨時政府は、協商国の意向に沿って戦争継続を決めた。いまから振り返れば不思議だが、これについては、後にボルシェビキに放逐されることになるケレンスキーの回顧録の記述が参考になる（1927年 The Catastrophe 第9章「攻勢」）（＊1）。

「（戦いを継続させたからといって）勝利する必要はなかった。ウィルソン大統領は議会を前にしてロシア革命（注：ロシアの民主化）があったからこそ参戦を決意したと明確に説明している。米国の参戦で、戦いのバランス（戦力均衡）が崩れた。1917年1月末頃は、ロシアと協商国は、全精力を傾けて同年秋までに戦いのけりをつけると考えていた。しかし同年夏には、米軍のヨーロッパ戦線への（18年になると思われる）登場まで、戦いを継続させればよいという状況に変化した」

「ロシアは、攻勢に出る必要はなくなったのである。できるだけ多くのドイツ軍部隊を1917年秋頃まで東部戦線に張り付けておけばよかった」

これまでにも書いてきたように臨時政府は、驚くほどに政治犯に寛容だった。レーニンの帰国を許し、カナダに収監されていたトロツキーも解放させるよう動いた。シベリア流刑の政治犯も恩赦したことで、スターリンもペトログラードに戻ってきた。いまから思えば愚かな決断の連続であったが、当時のケレンスキー（臨時政府）は、革命によって民主主義国家に生まれ変わったことを同盟国特に米国（ウィルソン大統領）にアピールすることが最も重要だと考えたのである。

ケレンスキーは回想録で、「ロシアは、総力戦による攻勢に出る必要はなくなった。できるだけ多くのドイツ軍部隊を１９１７年秋頃まで東部戦線に張り付けておけばよい」と記していると書いた。そうでありながら、愚かにも大攻勢に出た（ケレンスキー攻勢）。それはあきれるほどの失敗に終わり臨時政府崩壊（ボルシェビキの台頭）の原因となった（後述）（＊２）。ケレンスキーには、戦いの指導者としてのセンスはなかった。

彼が、大臣職についた時期の参謀総長はミハイル・アレキセイエフだった。彼は前線の士気の衰えを知っていた。彼のもとには、前線各地の司令官からそうした報告が相次いでいた。士官らは、「ロシア軍にはドイツの攻勢を防ぐ力はあるが、攻勢に出ることはできない」と意見していた。

前線の士官は、ペトログラードソビエトが発した指令第一号に混乱し、現場の統率に自信を失っていた。これも逃亡兵が相次いだ理由だった。アレキセイエフは、ケレンスキーに対して、「対独攻勢は難しい」と再三にわたって意見した。

一方で、ケレンスキーには、「われわれには攻勢に出る能力がある。協商国への約束も果たさなくてはならない」（アレキセイ・ブルシロフ将軍〈南西部戦線司令官〉）とする強硬意見も届いていた。ケレンスキーは、ブルシロフの強気の意見を採用し、彼をアレキセイエフの後任に据えた（6月4日）（＊3）。前線の司令官も次々と強硬派に代えた。

軍だけでなく、ペトログラードソビエトに対する工作も進めた。この頃ロシア各地のソビエト代表が首都ペトログラードに参集し、第1回全ロシアソビエト会議が開催されていた（6月16日〜7月7日）。1000人を超える代議員の中でボルシェビキはわずかに100人ほどだった（メンシェビキはおよそ250人）。会議を前にしてケレンスキーは、ブルシロフの攻勢計画があることを隠した。そうすることで、ケレンスキーは次のような「曖昧な」決議案を採決させることができた。

「全ロシアソビエト会議は、（対独）戦争終結までは、その軍を、攻勢にも防衛にも対応できる状態にしておくことに同意する。攻勢に出るか否かの判断はあくまで軍事戦略的視

点から決定されるものとする」（＊4）

現場の判断を容認したこの決議案で、ケレンスキーや前線の強硬派将軍はフリーハンドでの軍事行動が可能となった。

＊1：A・F・Kerensky, *The Catastrophe*, Periodical Service Co., 1927, Chapter 9（The Offensive Its Inevitability）
原文（英文）は以下のサイトで読める。
https://www.marxists.org/reference/archive/kerensky/1927/catastrophe/ch09.htm

＊2：ケレンスキー攻勢については次の論文によった。
Xiuyuan Li, The Kerensky Offensive: A Desperate operation that backfired, Soviet and Post Soviet Politics and Society
http://web.mit.edu/Russia1917/papers/0618-KerenskyOffensive.pdf

＊3、4：Aleksey Alekseyevich Brusilov
https://www.britannica.com/biography/Aleksey-Alekseyevich-Brusilov

第五節　ボルシェビキと臨時政府との攻防
その3：ケレンスキー攻勢の失敗と「7月危機」

7月1日、ケレンスキー攻勢は始まった。第11軍は、南西戦線の北部、第8軍は南部、第7軍は中央部で攻勢に出た。南北に連なる戦線は200㎞近くに及んだ。ケレンスキーは、脆弱なロジスティクスの中で十分な準備を整えさせていた。重火器による砲撃が2日間続き、その後歩兵の前進が始まった。先にも書いたように、砲撃では、塹壕にこもる守備側に致命的な打撃を与えられない。ドイツは、ロシア逃亡兵からの情報やペトログラードの情勢を総合し、攻勢をあらかじめ察知していた。前線の軍は十分に安全な位置に移動していた。

ブルシロフの狙いは、レンベルグ（現リヴィウ：ウクライナ）の奪還だった。この町を攻略すれば独軍と墺軍の連携に楔を入れることができる。そうすればドイツは西部戦線に展開するはずの独軍の一部を東部戦線に回さざるを得ない。ケレンスキーは、協商国への義理を果たすことで頭が一杯だった。

北部戦線を担当した第11軍は、墺第2軍と対峙した。中でも墺第19師団は、チェコ人で構成されていた。チェコ人はオーストリアからの独立を求めていただけに、積極的に投降した。第11軍はすでに捕虜にしていたチェコ人兵士を前線に遣り、19師団の兵士への投降を呼びかけさせそれに成功した。19師団の大量投降で、第11軍は独墺防衛ラインの部分的突破に成功した。

中央部を担った第7軍はロシア陸軍の精強部隊だったが、防衛線の突破はならなかった。南部の第8軍が対峙した墺第3軍は脆かった。7月1日から3日にかけておよそ1万人を捕虜にし、80の重火器を接収した。こうしてロシア軍の初期攻勢はそれなりの成功を収めたが、ブルシロフは第二次攻勢ができなかった。連続攻勢を可能にするロジスティクスが不十分だった。士気が上がっているはずの兵士も、「義務は果たした」という気持ちが強く、第二次攻撃には消極的であった。ブルシロフは、第二次攻勢の判断を前線の指揮官に任せるという曖昧な指令でごまかした。

ロシアの攻勢が止んでいる中、独軍は戦線を補強した。効率的な鉄道網を利用し、仏・ベルギー戦線から6個師団を東部戦線に移動させた。戦いに手慣れた部隊だけに、直ちに反抗攻勢に出た。独補強部隊の到着で墺軍も反攻攻勢に出た。独墺軍は、ロシアの防衛線を突破すると、わずか10日で１４５㎞を前進した。こうしてケレンスキー攻勢は失敗した

（＊1）。独軍の一部を東部戦線に再配置させ、英仏軍へのプレッシャーをわずかに軽減させた。それだけが成果だった。

ロシア各地では停戦を求める抗議活動が相次いでいた。ペトログラード、モスクワ、キエフ、ハルキウ、エカテリノスラフ（現ドニプロ）で兵士や労働者が、町に繰り出し、臨時政府に即時停戦を求めた。彼らの掲げるプラカードは、ボルシェビキの主張と同じだった。ボルシェビキの訴えは、一般市民、労働者あるいは下級兵士の間で確実に広がっていた。アナーキストグループは監獄を襲撃し、政治犯を次々に「解放」していた。

臨時政府の、協商国との国際的（外交的）義務を優先させた政権運営は、一般労働者や兵士には理解できなかった。日々の生活がますます苦しくなる中での臨時政府への反感は増した。7月初めからはプチーロフ大型機械・車輌製作所の労働者がストライキに入り、「前線の兵士を直ちに帰国させ農地の耕作に戻せ」と訴えた。第1機関銃連隊は、「革命を進める理由がなければ前線には出ない」と騒ぎ始めた（＊2）。

レーニンは、潮の流れが変わるのを感じた。ペトログラードソビエト内部の権力闘争ではまだ少数派だが、多数派への道が開け始めていた。7月14日（ロシア暦7月1日）、軍の動きが慌ただしくなった。第2機関銃連隊は、「すべての権力をソビエトに（All powers to Soviet）！」と主張し、第3歩兵連隊は所属中隊の前線派遣を拒否した。第1機関銃連隊は、オラニエンバウム（現ロモノソフ、ロマノフ王朝の宮殿のある王朝避暑地だ）からペトログラード市内までのおよそ40㎞を行進した。前述のようにこの頃のソビエトは臨時政府に協力する立場だっただけに、中央執行委員会は兵士らに解散を呼びかけた。しかし効果はなかった。

16日になると、抗議行動はさらにエスカレートした。兵士らは完全武装で行進し、すべての工場労働者に、デモ参加を呼びかけた。彼らはこぞって「すべての権力をソビエトに」と叫んでいた。ボルシェビキは、当初こうした動きへの積極的関与を控えていたが、ここまでくるとその方針を変え、ソビエト内での権力掌握に動き始めた。デモ隊はそれを支持した。武装蜂起の可能性を恐れた臨時政府は各地の軍に首都防衛を呼びかけた。

17日、ペトログラード市内ではおよそ40万人（推定：兵士4〜6万人、労働者30〜35万人）（＊3）が抗議の輪に加わった。この頃東部戦線から一部部隊が首都に戻っていた。対独戦争に命を張ってきたというプライドのある部隊だっただけに、軍に敬意を払わない群衆が許せなかった。臨時政府側に立って、抗議活動の鎮圧に乗り出した。その過程で、およそ400人が死傷した。

７月17日の騒乱（ペトログラード市内）

鎮圧に成功したとみなした臨時政府のペレヴェルゼフ法相は、一連の抗議活動は、「ボルシェビキの陰謀と見て反撃を開始」した（＊4）。反撃は18日早朝５時から始まった。プラウダ印刷所が襲われ輪転機が破壊された。売り子の労働者は殺された。クシェシンスカヤ旧邸（ボルシェビキ本部）も襲撃され、「レーニン」あるいは「ボルシェビキ」を口にすれば逮捕された。この頃には臨時政府の呼びかけに応じて地方からの軍が首都に到着していた。軍主流の後押しを回復した臨時政府は自信を深め、ボルシェビキを完全なる敵としてその排除を決めたのである。

＊1：ケレンスキー攻勢の経緯は、The

Kerensky Offensive: A Desperate operation that backfired によった。
＊2：7月の混乱については以下によった。
Timeline of the Russian Revolution（1917）
https://www.marxists.org/history/ussr/events/timeline/1917.htm
＊3、4：パルヴスとボルシェヴィキ革命、582頁

第六節　ボルシェビキと臨時政府との攻防
その4：レーニンはドイツのスパイ

7月19日、臨時政府は、「彼らはドイツのエージェントである」としてレーニン、ジノヴィエフ、カーメネフに逮捕状を発した（＊1）。21日、ケレンスキーは辞任したゲオルギー・リヴォフに代わり首相についた。逮捕状の出る1日前の18日、「ジヴォエ・スローヴォ（Zhivoe Slovo：生きている言葉）」紙が、レーニンをドイツのスパイだと明確に非難する記事を掲載した。8月4日になると、臨時政府で中心的立場あったカデット（ロシア立憲民主党）機関紙「レーチ」が、より具体的にスパイ疑惑を報じた。

「レーニンはスイス滞在中、周知のドイツエージェントであるパルヴスと接触していた。レーニンのロシア帰国に関しては、彼の帰国後、ロシア国内でドイツを支援する活動を行うという協定を結んだからこそ、帰国が許されたのであり、その活動のためにドイツからの金銭的支援も受けている」（＊2）

変装して逃亡生活に入ったレーニン（髭はスターリンに剃らせた）

逮捕状が出ると、レーニンらは地下に潜伏した。ボルシェビキ幹部の中には出廷して裁判で潔白を証明すべきだと考えるものもいたが、「裁判所は権力機関である。マルクス主義者がこれを忘れるのは間違い」（＊3）であり、公平な裁判など期待できない、としてレーニンは出頭を断固拒否した。彼らは、いったんニコライ・ポレタエフ（プラウダ印刷責任者）の家に隠れたが、人の出入りが激しいこともあり、セルゲイ・アリルエフ（Sergei Alliluev）のアパートに移った（7月20日）。レーニンは、ここに頻繁に訪れるスターリンが使う部屋に隠れた。ボルシェビキ幹部との交信はアリルエフが担当した。しかし二人（レーニン、ジノヴィエフ）は、ペトログラード市内にそのままとどまることは危険と考えた。レーニンは逮捕されれば絞首刑だと確信し、ボルシェビキ中央委員会に、フィンランドへの逃亡幇助を求めた（＊4）。二人は、ボルシェビキから派遣された活動家の案内でフィンランドに逃げた。国境通過に必要な偽造旅証はボルシェビキが用意した。

顔の知られていたレーニンは変装しなくてはならなかった。髭をきれいに剃り上げれば十分な変貌が可能だった。トレードマークの髭はスターリンに剃らせた。なぜ彼に任せたのかはわからない（＊5）。レーニンらは、追っ手を警戒しながらフィンランドの寒村を転々とする逃避行だった。ヘルシンキに入ったのは8月23日のことである。この町は、反ロシア感情が高まっていただけに比較的安全だった。それでも居所をたびたび変えた。最も安全な隠家となったのはグスタフ・ロヴィオ（ヘルシンキ警察部長）の家だった。この頃臨時政府内務省はレーニンの首に20万ルーブルの懸賞金を出していた（＊6）。レーニンは、ヘルシンキの支援者を通じてペトログラードおよびストックホルムのボルシェビキとの交信を続けながら、未完だった『国家と革命』（出版は1918年）の最終章を執筆した。彼は、この書を通じて、他の社会主義者グループ（メンシェビキ、社会革命党〈エスエル〉、ドイツ社会民主党など）に対しボルシェビキ思想の「理論的」優位性を示そうとした（＊7）。

「社会主義は、暴力革命を通じて労働者独裁を実現することで達成される。社会主義は、資本主義から飛躍昇華した形態である」

レーニンは3権分立にも、市民権の保障にも関心がなかった。レーニンは、ペトログラードから離れたことでボルシェビキ内部での影響力を減じたが、ヘルシンキから精力的に、暴力革命を訴え続けた。ロシアで起きている動きをフランス革命に擬した。レーニンには、ケレンスキーは、フランス革命後に登場したナポレオンになろうとする愚かな男に見えた。「ケレンスキー内閣の閣僚の多くは社会主義者であるが、政権そのものは、ブルジョワ独裁政権である」と切って捨てた（＊8）。

7月25日、ケレンスキーは新たな連立政権を発足させていた。政権の喫緊の課題は国内

アレキサンドル・ケレンスキー（首相任期：1917年7月21日～11月7日）

秩序と軍規の回復だった。無許可の集会を禁止し、前線での命令不服従には死刑再導入も決めた。方針変更は、カデット（立憲民主党）の意向に沿うものだった。ケレンスキーは、その作業を軍最高司令官につけたラーヴル・コルニーロフ将軍に託した。ペトログラード軍管区の責任者だったコルニーロフはたたき上げの軍人だった。日露戦争では、黒溝台会戦《こっこうだいかいせん》や奉天《ほうてん》会戦で、第1歩兵旅団参謀長として活躍し、聖ゲオルグ勲章を受けていた。その功で大佐に昇進し、その後清国に赴任（駐在武官）した（1907～11年）。

第一次大戦が始まると、第48歩兵師団長として前線に出た。15年には少将に昇進した。この年4月、墺軍の捕虜となったが、16年7月脱走に成功し帰国した。コルニーロフ将軍は、ニコライ二世（ロマノフ王朝）には批判的で、彼の退位に賛成した。ペトログラード軍管区の司令官となったのは17年3月のことである（＊9）。

コルニーロフは、最高司令官職を受けるにあたってケレンスキーに4つの条件を出した。第一にあくまで母国ロシアのために職務を引き受けること、第二に軍命令あるいは人事には政治介入（特にソビエト）は認めない、第三に軍規回復には命令不服従あるいは逃亡には死刑といった刑を課すことの容認、第四は対独戦争指揮に政府は介入しないという内容だった（＊10）。

8月11日、コルニーロフは、側近幹部を前に、次のように語った。

「ようやくけりをつける時が巡ってきた。ドイツの工作員を絞首刑にするのである。最初にレーニンをやる。そうすればソビエトを完全に解散させることができる。二度と集まることができないようにしてやる」（＊11）

ラーヴル・コルニーロフ将軍（1870〜1918）

次章（第八章）では、ケレンスキー自身の治安回復を託したコルニーロフ将軍への愚かな疑心暗鬼が、ボルシェビキ（レーニン）を台頭させ、結局は彼らの権力奪取を許した過程を追う。レーニンはボルシェビキの指導者として全権を掌握し、いわゆる11月革命（ロシア暦10月革命）が成就する。いよいよドイツが期待した独露単独講和（ブレスト・リトフスク条約）が実現する。

＊1：Robert Service, *Lenin: A Biography*, Pan Books, 2000, p285
＊2：パルヴスとボルシェヴィキ革命、585頁
＊3：同右、586頁
＊4：*Lenin: A Biography*,p289
＊5：同右、p287
＊6：同右、p292
＊7：同右、p294
＊8：同右、p298
＊9：コルニーロフ将軍の経歴は以下サイトによった。
https://fampeople.com/cat-lavr-kornilov_2

＊10：*1917: Lenin, Wilson and the Birth of the New World Disorder*, p260
＊11：M・J・Cohen & John Major, *History in Quotations*, Cassell, 2004, p727
285頁　写真：Mary Evans Picture Library／アフロ

第八章　ケレンスキーの愚かさとボルシェビキ革命

第一節　コルニーロフ将軍を疑ったケレンスキー

コルニーロフ将軍は、ボルシェビキの危険性をわかっていたようだった。だからこそ、軍部独裁を志向し、彼らの武装蜂起を封じ込めるべきだと考えた。「ボルシェビキの蜂起の噂が広がると、将軍はコサック部隊をペトログラードに遣って首都制圧を狙った。ソビエトを解散させ、彼らを武装解除する。それが彼の狙いだった」（＊1）。

9月3日、リガ（現ラトビア）が独軍に占領された。コルニーロフ将軍はこの町をあえて防衛しなかった。「ボルシェビキの巣」だったからである。将軍は、信頼できる士官4000人に対して、ボルシェビキだけでなくソビエトメンバーすべてを絞首刑にする考えを示し彼らの賛同を得ていた（＊2）。この頃、独の侵攻を憂慮したケレンスキーは前線に出て複数の将軍と協議していた。彼は軍部独裁を容認した。独裁政権には彼自身も参加することが条件だった。9月9日、将軍がコサック部隊の首都派遣を決めたのは、この密約があったからである（＊3）。この頃、コルニーロフ将軍は軍司令本部のあるマヒリョウにいた。首都制圧を、アレキサンデル・クリモフ将軍指揮の第3軍に命じた（＊4）。

コルニーロフ将軍は、ここではっきりと反臨時政府、反ボルシェビキの態度を公にした。「臨時政府はドイツのスパイに操られている。彼らは、ボルシェビキの捕虜同然だ。リガを失ったのは彼らの責任である」と述べた。英国は、この動きを歓迎し軍事アドバイザーを派遣した（＊5）。

ここまでの段取りができていたにもかかわらず、ケレンスキーは突然に軍の首都派遣を延期するように命じた（9月10日）。軍事独裁を容認したものの自身の立場が保証されるか不安になったのである。コルニーロフ将軍がケレンスキーを見切ったのはこの時である。軍独自の判断で行動すると決めた。当然に予想されるコルニーロフ将軍の動きであるにもかかわらず、ケレンスキーは動揺した。

「（将軍の反発に）ケレンスキーはパニックに陥った。今度はボルシェビキをも含むソビエトに支援を求めた。ボルシェビキらにアジテーションを依頼し、コルニーロフ将軍指揮下の兵士を説得し、臨時政府の指示に従うこと、そして将軍を拘禁するよう訴えさせた」（＊6）

クリモフ将軍指揮下のコサック部隊先鋒がペトログラードに入ると、アジテーター（ボルシェビキ）が、待ち構えていた。彼らを「歓迎」しながら革命思想の正義を訴えた。後続部隊もアジテーションに魅了された。これが見事に功を奏した。コサック兵士たちも代表者を決めソビエト風代表者会議を組織し赤旗を振った。彼らには「対独戦争を止めたい」という思いが強かった。首都に駐屯していた部隊もコルニーロフ将軍に反旗を翻した。

首都防衛の「軍事力」を動員できる組織はボルシェビキだけだった。ボルシェビキは、ケレンスキーも敵とみなしていたが、まずコルニーロフへの対処を優先させた。ソビエトに属する労働者や兵士を動員し首都防衛隊を組織させた。鉄道労働者はサボタージュで軍の移動を、電信労働者は軍の交信を妨害した。コサック部隊に対峙したアジテーターは、「市民に発砲するな」と訴えた。これに応じた兵士たちは次々に武器を捨てた。

9月12日、首都「防衛」に成功したケレンスキーは自ら最高司令官につき、ミハイル・アレキセイエフを参謀総長に据えた。9月14日、アレキセイエフはマヒリョウに入った。コルニーロフの身柄を拘束するためだった。コルニーロフは抵抗しなかった。傍にいた妻は自殺を恐れて将軍のリボルバーを取り上げた（＊7）。コルニーロフ将軍の「クーデター」はこうして失敗した。しかし、同時にケレンスキーの評判は地に落ちた。歴史家のア

武器を捨てるコルニーロフ将軍指揮下の兵士

ーサー・ヘルマンは次のように書いている。

「こうしてクーデターは潰えた。陸軍は優秀な将軍を一人失った。ケレンスキーは、7月危機の失敗に続き、今度は自らが頼った指揮官を逮捕させるという致命的なミスを犯した。最悪の事態が起きるのはこれからであった。（中略）ドイツ軍は刻一刻と（首都に）迫っていた。ケレンスキーよりもそしてコルニーロフよりも、強い意志を持って権力奪取を狙う男の登場はもうすぐであった」（＊8）

言うまでもなくその男はレーニンであった。

＊1：Orlando Figes, The October Revolution 1917
http://www.orlandofiges.info/section6_TheOctoberRevolution1917/
KerenskyandKornilov.php
＊2、5：Timeline of the Russian Revolution（1917）
＊3：ケレンスキーは、後に書かれたメモワールで密約の存在を否定している。
＊4：Oleg Yegorov, The Kornilov Affair, Russia Beyond, September 14, 2017
https://www.rbth.com/history/326164-kornilov-affair-how-militarys-last
＊6：*Lenin: A Biography*, p299
＊7：*1917: Lenin, Wilson and the Birth of the New World Disorder*, p264
＊8：同右、p265
297頁　写真：Mary Evans Picture Library／アフロ

第二節　英国MI6工作の失敗

英国MI6は「ロシアに戦いを継続させる」英国外交方針に沿って対露工作を続けていた。ラスプーチンを排除しその暗殺を成功させたのもその工作の一環であった。MI6は、ペトログラードの慌ただしい動きを警戒していた。戦いの中止を求めるボルシェビキは、英国外交の敵であった。だからこそいったんはトロツキーをカナダで拘束したのである。ドイツの支援でペトログラードに帰ったレーニンの動きも警戒していた。

マンスフィールド・カミングMI6部長は、ワシントンに駐在するウィリアム・ワイズマンに対露工作に米国の協力を引き出すよう指示した。ワイズマンは、エドワード・マンデル・ハウス（ウィルソン大統領顧問）と懇意であっただけに、米国政府の協力は容易に得られた。米国務省情報部のフランク・ポークとの交渉で、米英それぞれが7万5000ドル（現在価値約120万ドル）を新たに対露工作資金として拠出することが決まった（＊1）。ワイズマンは、ペトログラードの慌ただしい動きの背後にドイツ諜報組織の暗躍があると考えていた。

「ドイツはわれわれに先んじてうまくやっている。彼らが高度に完成された組織を構築しているということは間違いない。彼らには敵わないかもしれないが、何もしないわけにはいかない。われわれが『真摯』な態度で対処すれば、奴らの鼻を明かすことも可能だ」（ワイズマン）（＊2）

ワイズマンが対露工作に抜擢したのは作家サマセット・モームだった。ロシア語をしゃべるモームとは縁戚関係にあった。当時モームは結核を発症し、吐血もしていたことからロシア行きを渋ったが、結局はその任務を引き受けた。MI6から2万1000ドル（現在価値約34万ドル）の工作資金を支給され、西回りでロシアに向かった（＊3）。米国西海岸から、日本経由でウラジオストクに入り、シベリア鉄道でペトログラードに向かった。9月初めようやく首都に入ることができた。彼の任務は、ケレンスキーを権力の座につけ続けることであった。そうすれば、ロシアに戦いを続けさせることできる。

ペトログラードには、モームの昔の愛人サーシャ（アレキサンドラ）・クロポトキンがいた。サーシャはアナーキスト、ピョートル・クロポトキンの一人娘だった。彼女はロンドンに暮らしたことがあったが、当時はペトログラードに戻っていた。モームは、ケレンスキーと親交があったサーシャを通じてケレンスキーや臨時政府要人に近づいた。懇意になると、彼らを毎週のように市内の高級レストラン「メドヴェド」に誘った。ケレンスキーはサーシャのアパートにもよく訪れ、モームともあけすけに意見を交換した。

政権幹部の中でモームが特に重視したのは社会革命党（エスエル）のボリス・サヴィンコフ（陸軍次官）だった。サヴィンコフは、徹底したボルシェビキ嫌いだった。彼はもしボルシェビキが権力を握ればすべての反対勢力は抹殺されると考えていた。レーニンを筆頭としたボルシェビキ幹部を直ちに逮捕しなくてはならなかった。

MI6の工作員だった作家サマセット・モーム（1874〜1965）

「奴（レーニン）が俺を壁の前に立たせて銃殺するのか、あるいは俺が奴を壁の前に立たせて殺《や》ってしまうかのどちらかだ」（＊4）

モームは、スチーブン・アレイ少佐（駐ペトログラード大使館付駐在武官）の指揮下に入っていた。暗号交信用にボルシェビキ幹部にはコードネームを振り分けた。レーニンは「デイヴィス」、トロツキーは「コール」だった。ケレンスキーにも「レイン」というコードネームを充てた（＊5）。

ＭＩ6が送り込んだ工作員はモームだけではなかった。婦人参政権活動家エメリン・パンクハーストを、ペトログラードに遣り（6月）、対独戦争継続を訴えさせた。彼女の英国における過激な女性参政権獲得運動はロシアでもよく知られ、人気がある女性だった（＊6）。

しかし、結局は英国の工作は失敗する。当時ペトログラードにいたデイリーニューズ特派員アーサー・ランサムは当時の状況を次のように書いている（5月、母親宛ての私信）。

「とにかく何もかもが目まぐるしく変化しています。僕にはついていけません。（中略）この町にいると健常者でも精神を病みます」（＊7）

ペトログラードの政治情勢は、ＭＩ6でさえ予想できないスピードで動いていた。モームのケレンスキー評は芳しくなかった。「ケレンスキーが権力を握り続けることはできない」とワイズマンに報告した。しかし、彼との親交が深まるにつれ、「状況は好転している。ペトログラード市民はボルシェビキに辟易している」と評価を変えた。ワイズマンは、モームの「楽観的観察」を少しばかり修正して本省に伝えた。その後もモームのケレンスキー評は変わらなかった。「敵対勢力には、彼に代わる人材はいない」が主たる理由であった（＊8）。その観察が誤りだったことはすぐにわかる。

ケレンスキーがボルシェビキに放逐される過程は後述するが、モームは、「もう少し早くペトログラードに赴任していたらうまくやれたかもしれない」（＊9）と後に悔やんでいる。しかし彼の悔恨に素直に頷くものは少ないだろう。当時のロシアにあって対独戦争継続を訴える勢力が権力を握り続けることは不可能だった。市民も兵士もそれを望んでいなかった。

＊1、2：*MI6*, p209

＊3、4：Somerset Maugham
https://spartacus-educational.com/Jmaugham.htm

＊5、6、7：Jonathan Steele, Caught in the Revolution review, The Guardian,

November 23, 2016

＊8：*MI6*, p210

＊9：Pete Ayrton（edited）, *Revolution*, Pegasus, 2017, p127

第三節　レーニンの檄

コルニーロフ将軍が失脚してしばらくした9月17日、収監されていたトロツキーらのボルシェビキが解放された。一般民衆からの強い要求にケレンスキーは抗しきれなかった。21日には、バルチック艦隊の水兵代表組織が、「臨時政府を認めない。政府命令には従わない」と決めた。

コルニーロフ将軍の失脚は、レーニンの考えを変えていた。9月初め頃は、「ボルシェビキは当面は臨時政府との（うわべだけでも）妥協を見せながらゆっくりと権力奪取を狙う」という軟化した思いがあったが、暴力闘争を直ちに始めるべきだとの考えに変わった。彼が、「モスクワとペトログラードで権力奪取に動け」とボルシェビキ執行部に檄を飛ばしたのは9月25日のことである（＊1）。

9月27日、ペトログラードソビエトで選挙があった。その結果、ボルシェビキが初めてソビエト内多数派となった。そこにレーニンの檄が届いた。会議出席者の誰もがレーニンの主張に驚いた（解放されたトロツキーも出席していた）。この時点でも、暴力革命が成功すると思うものはいなかった。彼らは慌ててその檄文を焼却した（一部のみ残存）（＊2）。

彼らの判断は正しかったようだ。各地のソビエトのほとんどでまだメンシェビキやエスエルが多数派であった。レーニンの主張どおり武装蜂起していたら、臨時政府（ケレンスキー）によってボルシェビキの息の根は止められていた（＊3）。それでもレーニンは、ボルシェビキの同志の逡巡に憤った。なんとしてでも自説の正しさを直接訴えたかった彼は、ボルシェビキ執行部にペトログラードに戻りたいと訴えたが許されなかった（＊4）。

レーニンの脳裏には常にフランス革命の歴史があった。彼は、ロベスピエールに心酔していた。ロベスピエールは革命に失敗したが、レーニンには妙な自信があった。

「ボルシェビキが指導する社会革命は、これまでの革命（フランス革命）とは違う。大衆

が味方している。この革命はまずロシアで成功する。その動きは全ヨーロッパに広がる」（＊5）

一方のケレンスキーは内治安定に舵を切った。9月27日から10月5日にかけて、各勢力の代表およそ1200人を集めた「民主代表者会議」を招集した。幅広い勢力の支持を基礎にした新連立内閣を樹立しようと目論んだ。代表者会議は新連立政権の樹立は否定したものの、暫定国会（Pre-Parliament）の設置には同意した。ボルシェビキもこれに与し、代表にレーニン、スターリンらを推挙した（9月30日）。9月29日、レーニンは、「時間をおけば革命の機会を逃す」と抗議したが無視されていた。レーニンはこのままではソビエトも参加する新連立内閣が成立する。そうなればボルシェビキ独裁の革命は不可能だと恐れた（＊6）。

10月7日（8日とも）、ボルシェビキ執行部にしびれを切らしたレーニンは意を決してヘルシンキを発ちペトログラードに向かった。彼がまず目指したのは国境を越えた先にあるヴィボルグ（Vyborg）の町だった（＊7）。彼は再び変装した。カツラを被り眼鏡をかけ、フィンランド人風の牧師に化けた。

10月23日夜、ペトログラード市内にある平屋の邸で、ガリナ・フラクセルマン（Galina Flaxerman）は、訪れる客のためにティーとビスケットを準備していた。ボルシェビキの中央執行委員12人がやってくるのである。検討議題はボルシェビキによる権力掌握行動を実行に移すべきか否かであった。薄暗い部屋での会議が始まったのは午後10時のことである。そこに突然レーニンが現れた。

「ほとんどの参加者は数か月にわたってレーニンの顔を見ていなかっただけに彼の姿に驚いた。レーニンは変装したままで、ルター派牧師の格好であった。彼は、カツラをしっかりととめるやり方を知らなかったようで、両の手で何度もかつらが滑り落ちるのを止めなくてはならなかった。いささか滑稽な仕草であった」（＊8）

笑いを誘う風体を気にもせずレーニンは1時間にわたって熱弁を振るった。列席者の誰もが彼の怒りと焦りを感じた。「大衆がボルシェビキの支持に回っていないように見えるのは、言葉だけの約束に失望しているからだ」、「行動を起こせば大衆は味方する」。これまでの主張をいささかも変えないレーニンにみな驚いたが、次第に彼に同調するものが増えていった。議論は朝方まで続いた。辺りが白々し始めた頃ようやく決を採ることになった。10対2でレーニンの主張が通った（＊9）。

この日から遡ること1週間前の10月16日、ロシア陸軍参謀本部が、首都ペトログラード防衛の最後の拠点となる町からの撤退を決めた。ドイツ軍は首都から３６０㎞まで迫っていた。臨時政府（ケレンスキー）は、モスクワへの首都機能移転を決めた。しかしペトログラードソビエト中央執行委員会（Ispolkom）は、移転に反対した（＊10）。首都移転を断られた臨時政府は、首都防衛の戦いを軍に求めざるを得なかった。しかし軍は前線に出ることを拒否した。

ボルシェビキ決起のタイミングが熟していた。レーニンが待ちに待った好機の到来である。ボルシェビキの主張（対独戦争の中止、全権力のソビエト移行）が大衆に心に届く最高のチャンスが巡ってきた。

＊1：*1917: Lenin, Wilson and the Birth of the New World Disorder*, p265

＊2：同右、p266

＊3、4：*Lenin: A Biography*,p301

＊5：同右、p302
＊6：Orlando Figes, Lenin and the October Revolution 1917
http://www.orlandofiges.info/section6_TheOctoberRevolution1917/LeninandtheOctoberCoup.php
＊7：*1917: Lenin, Wilson and the Birth of the New World Disorder*, p269
＊8：*Lenin: A Biography*,p303
＊9：同右、p304
＊10：*1917: Lenin, Wilson and the Birth of the New World Disorder*, p269

第四節　ボルシェビキの権力奪取とウィルソンの脳天気

10月29日、再びペトログラードソビエト中央執行委員会が開かれ、ペトログラード防衛軍を軍事革命委員会の指導下に置くと決めた。委員長にはトロツキーがついた。これには軍が反発した。11月4日、軍は同委員会の解散を求める最後通牒を発した。この翌日、臨時政府も軍の動きにシンクロするように、ボルシェビキの発行する二つの新聞（プラウダとソリダート）を発禁にした。さらに市内の重要建物（特に臨時政府の拠点であるウィンターパレス〈冬の宮殿〉）の警備を厳重にした（＊1）。

ケレンスキーは、ボルシェビキが動くのを待っていたようだ。ジョージ・ブキャナン英大使に、「奴ら（ボルシェビキ）が先に動いてほしい。そうすれば一気呵成に潰せる」と語っていたことからそれがわかる（＊2）。11月6日早朝、ケレンスキーが動いた。多くの兵士をウィンターパレスをはじめとした市内要所に集め、ネヴァ川にかかる跳ね橋を引き上げさせた。民衆の市内「侵入」を予め防ぐためである。二つの新聞発行所の破壊が始まり、軍事革命委員会メンバーの逮捕が始まった。午後2時半には市内に人気が消えた（＊3）。

ボルシェビキの反撃は早かった。彼らもケレンスキーの動きを待ちながら大衆の心理を読んでいた。「戦いを挑まれたのはボルシェビキである。止む無く抵抗した」と大衆に説明したかった。ケレンスキーは罠に嵌った。臨時政府の動きを受けて、ボルシェビキは、「ペトログラード防衛部隊と民主主義を守るため、ケレンスキー一派に対して蜂起する。彼らは革命の火を消そうとしている」と声明した（＊4）。この日遅く、軍事革命委員会本部にレーニンが現れた。顔には包帯が巻かれていた。酔っぱらって転んでケガをしたと警備の兵士をだまして市内に入り込んでいた。レーニンは、ようやく行動に出たトロツキーらにご満悦であった（＊5）。

この晩、軍事革命委員会は要所を守る臨時政府の衛兵に揺さぶりをかけた。ボルシェビキに忠実な兵士を、駅、郵便局、電話局、銀行あるいは橋などの重要施設に遣り、衛兵に退去を求めた。抵抗はなく、彼らは武装解除された。臨時政府の権威はそれほどに地に落ちていた。首都ペトログラードを統治できる組織はボルシェビキしかいない。この夜それがはっきりした。流血事件はなく革命は穏やかに進行した（＊6）。

ボルシェビキの最後のターゲットは臨時政府が陣取るウィンターパレスであった。ケレンスキーも宮殿に籠っていたが、その顔は青ざめていた。事態の急は彼の理解を超えていた。首都周辺に陣取る軍幹部に慌てて部隊の派遣を求めたがそれに応える指揮官はいなかった。翌朝9時（11月7日）、ケレンスキーはセルビア人士官に変装し、ウィンターパレスを星条旗を掲げた車で脱出した（＊7）。この日夜9時40分、ウィンターパレスそばの運河に停泊していた防護巡洋艦アヴローラが宮殿めがけて「艦砲射撃」を始めた。その威嚇の大音響が、ウィンターパレス突入の合図であった。宮殿に詰めていた臨時政府幹部は

ボルシェビキを支援した防護巡洋艦アヴローラ

逮捕された。これが世にいう11月革命（ロシア暦：10月革命）であった。モスクワではリャブセフ大佐（Colonel Ryabtsev）指揮の軍が激しく抵抗し双方に死傷者が出たが、ボルシェビキの勝利に終わった。

この夜遅く（10時40分）、第2回全ロシア労働者・兵士ソビエト代表者会議が、ボルシェビキ本部（スモーリヌイ校舎）で開催された。メンシェビキやエスエルの代表もいたが、彼らはボルシェビキ主導の革命に反対し退出した（＊8）。反対者の消えた代表者会議は午前2時（11月8日）、「すべての権力を労働者、兵士そして農民に」とする決議案を採択した。

「臨時政府は放逐された。臨時政府のほとんどの高官は逮捕された。新ソビエト政府は、すべての国（交戦国）に対して民主的講和を提案する。前線での休戦を直ちに求める」「すべての権限はソビエト（労働者兵士農民評議会）に移譲されることをここに宣言する。ソビエトこそが真の革命による秩序を維持できる」「前線の兵士は勇敢で強くあれ。新政府は、必ず民主的講和を実現する。その時まで、いかなる帝国主義勢力の攻撃にも耐え抜くであろう」（＊9）

午前3時には、交戦国との講和を求める決議案（Report on Peace）（＊10）と土地私有廃止決議案（Report on Land）（＊11）を採択した。

11月13日までに17の州都でソビエト（ボルシェビキ）が権力を奪取した。逃亡したケレンスキーが頼りにしたピョートル・クラスノフ将軍率いる第3騎兵部隊も赤衛軍（後の赤軍）に降伏した。

革命勢力は、憲法制定までの暫定機関として人民委員会議を組織した。エスエル左派は政権に入ることを拒んだためボルシェビキ単独の構成となった。レーニンは議長に選出さ

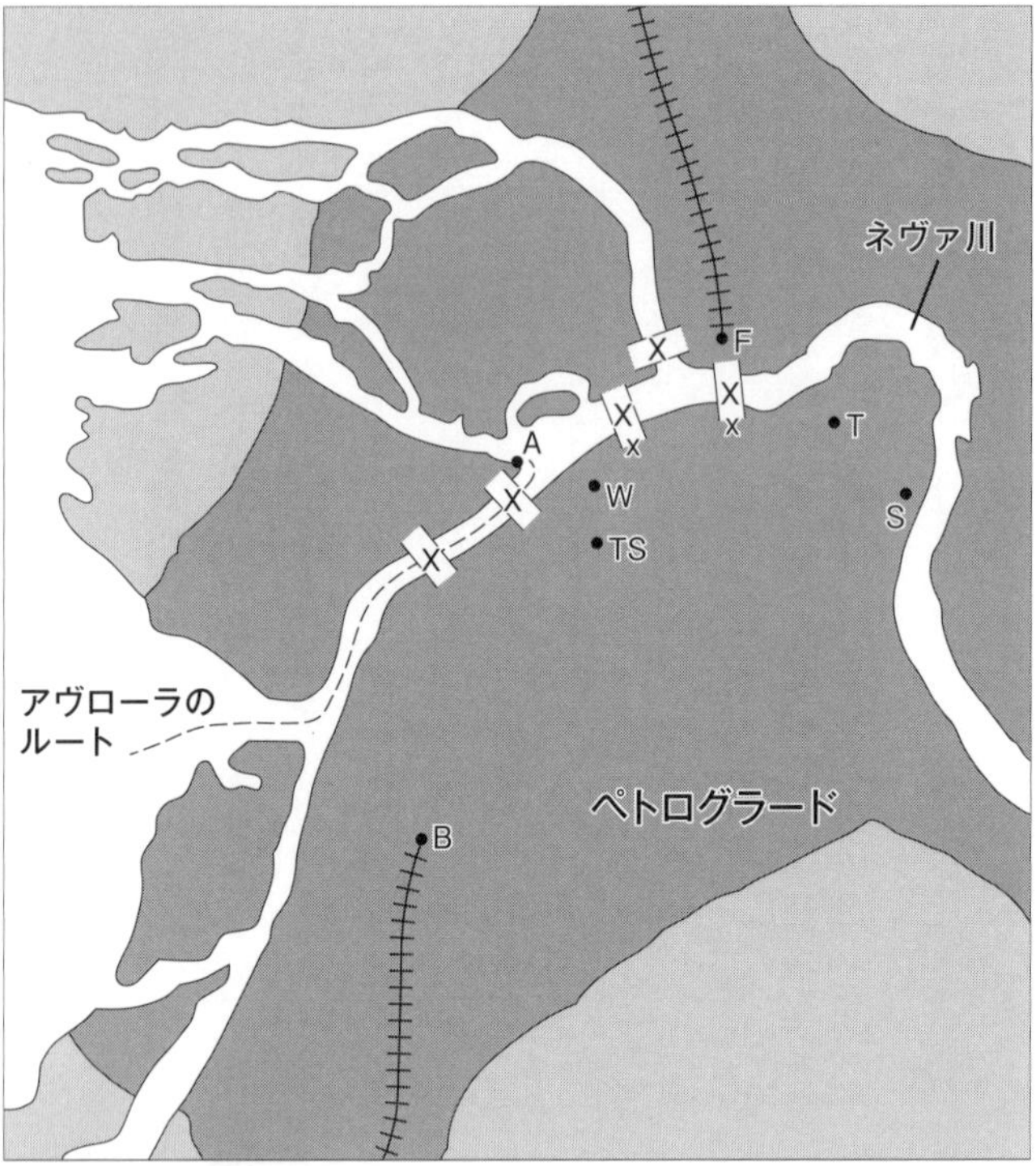

11月革命の主要拠点

A：防護巡洋艦アヴローラ停泊地
B：ワルシャワ鉄道駅
F：フィンランド鉄道駅
S：スモーリヌイ校舎
T：ダヴリーダ宮殿（ドゥーマ）
TS：電信電話局
W：ウィンターパレス
X：占拠された橋
：市街地

れ、外務委員にはトロツキーが、民族問題委員にはスターリンがついた。レーニンは、こうして全ロシアの指導者となった。18日、レーニンは勝利宣言を発した。

「大衆の大多数がわれわれとともにある。世界の労働者や抑圧されてきた人々もわれわれとともにある。正義はわれわれにある。勝利は確かなものになった」

「ソビエトはすべての権力を掌握せよ。（中略）われわれはこれからも前進する。まっすぐに社会主義の勝利に向けて。（後略）」（＊12）

11月革命は、協商国を落胆させた。戦いの終結を主張するボルシェビキが権力を握ったことで、ロシアの戦いからの脱落は不可避となった。10月後半にはイタリア戦線でもドイツの攻勢が続いていた。イタリア軍は撤退を重ね、11月9日にはイタリア軍はベニスの北およそ１００㎞のピアーヴェ川まで後退していた。協商国首脳は地中海に面した港町ラパッロ（イタリア）に集まった（11月5日）。みな沈み込んでいた。ペトログラードからの報告は何もかもが悪い方向に進んでいることを示していた。彼らにできたことは、劣勢を挽回するために最高戦争評議会（Supreme War Council）をベルサイユに設置することを決定することだけであった。

しかし、海の向こうにいたウッドロー・ウィルソン大統領だけは違った。11月12日、AFL（American Federation of Labor: アメリカ労働総同盟）の大会で今後のロシアの動向を語った。

「レーニンらは『自由人（free men）』として新たな改革を進めている。彼らは、ドイツと講和すれば新政府の崩壊につながることをわかっている。ボルシェビキ革命政府がドイツと単独講和することはない」（＊13）

ウィルソンの世界観がいかに的外れであったかを如実に示すスピーチだった。

＊1、2、3、4、5：*1917: Lenin, Wilson and the Birth of the New World Disorder*, p273
＊6、7：同右、p274
＊8：Timeline of the Russian Revolution（1917）

＊9：1917年11月8日決議：To Workers, Soldiers, and Peasants!
https://www.marxists.org/archive/lenin/works/1917/oct/25-26/25b.htm
＊10：Report on Peace
https://www.marxists.org/archive/lenin/works/1917/oct/25-26/26b.htm
＊11：Report on Land
https://www.marxists.org/archive/lenin/works/1917/oct/25-26/26d.htm
＊12：To The Population
https://www.marxists.org/archive/lenin/works/1917/nov/05.htm
＊13：*1917: Lenin, Wilson and the Birth of the New World Disorder*, p275

第五節　続いていたドイツからの資金援助、英仏の困惑

ここで時計の針を少し戻す。レーニン一行がスウェーデンからフィンランド国境を越えたのは4月15日であった。すでに書いたように、ロシア人ではないフリッツ・プラッテン

は入国を拒まれた。ブラッテンはスイス・ベルンに引き返しロンベルグ独駐ベルン公使を訪ねた。同志が無事帰国したことを報告したうえで、さらなる資金援助を無心した。公使は次のように本省に報告した。

「私は、エージェントに、彼らの感情を害することなく、そのような資金を彼らに持たせることができるかどうかという微妙な問題を調べさせるつもりです」(5月13日付)(＊1)

その作業に当たったのは公使館付きナッセ陸軍武官だった。彼は資金提供に現金(スイス通貨)を使うことを提案した(＊2)。この資金援助が実行されたことは間違いない。アルトゥール・ツィンメルマンに代わって外務大臣となったリヒャルド・キュールマン(任期:1917年8月6日~18年7月9日)の報告書には次のようにある。

「さまざまな経路を通し、そして色とりどりのレッテルを貼ってわれわれの側から絶えずボリシェヴィキ(ママ)におくりだしてやったあの手助けがあったればこそ、彼らは中央機関紙『プラウダ』を発行しつづけ、活発な宣伝活動をやり、かつ最初は貧弱だった党の

基盤を力強く拡大してゆくことが可能となった」（＊3）

ボルシェビキへの資金融通にはストックホルムのドイツ公使館も関わっていた。ある試算によればドイツの提供した資金は、総額5000万ゴールドマルク（現在価値およそ8億ドル）にもおよぶ巨額な数字だった（＊4）。

英国の参戦は非介入派の重鎮ロイド＝ジョージ蔵相が、対独強硬派の盟友ウィンストン・チャーチルに籠絡されたことが原因だった。ロイド＝ジョージは、1916年12月6日、アスキスに代わって首相（挙国一致内閣）となった。ボルシェビキ革命（11月革命）の報に彼は驚いていない。ペトログラードの危うい情報を正確に理解していた。チャーチルに引きずられて大陸の戦いに参戦した自らの変心（誤った判断）を悔やんでいたに違いない。

ロイド＝ジョージが首相となった直後の1916年12月12日、ホルヴェーク独首相は和平交渉を正式に中立国並びに協商国に提案していた。それを拒否したのは協商国であった。それでもドイツは戦いを止めたいという意思を伝えていたことは間違いない。ボルシェビキ革命の報を受けてロイド＝ジョージは対独講和の可能性を探りたかった。それを思いとどまらせたのは対独強硬派のアーサー・バルフォア外相（保守党）だった。

バルフォア外相は、ウィルソンが対独宣戦布告した1917年4月の第3週にワシントンを訪問している。彼は米国に5週間滞在し、ウィルソンのご機嫌を伺う外交を展開した。ウィルソンは、自身の対独戦争の決断に英国の圧力があったかのような印象を国民に持たれたくなかっただけにバルフォアらの訪問をあまり喜んでいない（＊5）。それでもウィルソン大統領との親交を深めたバルフォアは戦いの帰趨に自信があった。帰国前にジャン・ジュセラン仏駐米大使に、「勝利は近い」と語った（＊6）。

フランスも対独強硬派がドイツとの講和を拒んでいた。1916年11月13日、代議院（Chambre des députés）で敗れたポール・パンルヴェは首相の座を辞した。ポワンカレ大統領は、ジョルジュ・クレマンソーを後任に充てた（11月16日）。クレマンソーは狂信的な対独強硬派だった。代議院での第一声は、「私のこれからの考えは、内政においても外交においても対独戦争の継続である。なにがなんでも戦争（継続）である」であった。前述のジュセラン仏駐米大使は、本国政府の意向を受け、積極的にワシントン議会への工作を続け、米国の参戦を実現させた功労者だった。

フランスの対ロシア投資は巨額だった。ロシアの対外負債の8割、同海外投資の3割弱がフランスからの融資によるものだった。だからこそ、ナサニエル・ロスチャイルド（英国ロスチャイルド家）は、フランス・ロスチャイルド家に、その影響力を行使してフランスに対独戦争を避けさせるように動けと訴えたのである。ボルシェビキ革命によって、フランスのロシア投資は水泡に帰した。1918年初めにはボルシェビキ政府はロシア帝国政府および革命後の臨時政府による外国借款をすべて無効として利払いを停止することになる。

クレマンソーは、ボルシェビキ政府が対独単独講和することは協商国への完全なる背信行為だと憤った。英仏露3国は、戦いが始まってすぐの1914年9月、いかなる中央同盟国とも単独講和しないことを約す秘密条約（ロンドン条約）を結んでいた（＊7）。しかし、レーニンらのボルシェビキ執行部が、帝国主義国家に対する「背信行為」に心理的呵責を感じるはずもなかった。レーニンが権力の座についたことによって、フランスは米国陸軍に頼るしかなくなった。ナサニエル・ロスチャイルドの見立ては正しかった。

頼みの米軍は、18年になれば訓練を終えた部隊が100万人単位で西部戦線に現れるはずであった。しかし、17年11月（ボルシェビキ革命）時点で米国からやってきた兵力はわずか12万5000人であった（＊8）。ウィルソン大統領がフランスに派遣した部隊はア

ジョン・パーシング将軍（1860～1948）

メリカ外征軍（ＡＥＦ：American Expeditionary Forces）と呼ばれた（司令官：ジョン・パーシング将軍）。もともと少ない数の兵力しか持っていない米国陸軍は大量の新兵を訓練しなくてはならなかった。訓練は米国内だけでなく、派遣先のフランス領内でも実施しなくてはならないほどだった。

大統領は、パーシング将軍に英仏軍の指揮下に入ることを禁じていた。そのこともあり米軍は英仏軍のロジスティックス網を利用できなかった。ＡＥＦがフランスで用意できたトラックは30台にも満たず軍馬もなかった。輸送の際には、フランス陸軍に融通を頼み込むか、時には車両を盗んででも間に合わせなくてはならなかった。ウィルソンが、現場の窮状を理解し、英仏軍との連携を許したのは10月末のことである（＊９）。米軍が実質的戦力として機能するのは翌18年夏まで待たなくてはならなかった。

＊1、2：パルヴスとボルシェヴィキ革命、591頁
＊3：同右、592頁
＊4：同右、593～594頁
＊5：*1917: Lenin, Wilson and the Birth of the New World Disorder*, p188
＊6：同右、p189
＊7：*Brest-Litusk Forgotten Peace March 1918*, p27
＊8、9：*1917: Lenin, Wilson and the Birth of the New World Disorder*, p288

第六節　始まった対独講和交渉

全権を掌握したレーニンはトロツキーに中央同盟国との休戦（講和）交渉に入らせた。この時期のロシアの実権は人民委員会議にあった。その議長がレーニンであり、外交担当がトロツキーだった。外形的には各地のソビエト代表によるソビエト大会（Congress of Soviets）が議会の役割を果たすことになっていた。

11月8日、ソビエト大会はレーニン執行部が主張していたとおり対独（対中央同盟国）講和交渉の開始を決議した。11月20日、トロツキーはラジオを通じて、協商国と中央同盟国に対して全面講和を訴えた。予想されたとおり協商国の反応は冷淡だった。彼らからの回答は、「ドイツとの単独講和を行えば重篤な結果（the gravest consequences）をもたらす」という脅しだった。トロツキーは、「われわれは国内のブルジョワ政府を放逐した。そのわれわれが、外国ブルジョワ政府の命令で、わが陸軍兵士に血を流させることはできない」（＊1）と反発した。一方の中央同盟国は直ちにロシアの呼びかけに応じた。トロツキーは改めて協商国へも講和交渉への参加を呼びかけたがなしのつぶてであった（＊2）。

1917年12月15日、ロシアは全前線での休戦合意にこぎつけると、1週間後の22日、中央同盟国代表との交渉に臨んだ。交渉の地にはブレスト・リトフスク（現ベラルーシのブレスト）が選ばれた。この町には東部戦線を指揮するドイツ陸軍参謀本部があった。中央同盟国からは14人の代表が選出された（独：5人、墺：4人、トルコ：3人、ブルガリア：2人）。

ロシア代表は当初アドリフ・ヨッフェ（早い時期からレーニン、トロツキー路線を支持したボルシェビキ幹部）だったが、しばらくしてトロツキーに代わった。ロシア代表団は

1917年12月22日からブレスト・リトフスクで交渉開始

28名で構成されていたが、彼らの多くは一般労働者、兵士、水兵、婦人あるいは農民の代表で外交の舞台に出せるようなタイプではなかった。中央同盟国代表は彼らの風体に驚いたがそのまま交渉を開始した。

ロシア代表団は、領土併合なし、賠償金なし、民族自決を柱とする「民主的講和」を提案した。中央同盟国の要求が明らかになったのは12月27日から28日にかけての交渉時であった。ドイツ代表団の一人マックス・ホフマン将軍（独東部戦線参謀総長）は、ポーランド、リトアニア、クールラント（現ラトビア西部）の独立を要求した（＊3）。ロシア自ら主張した民族自決の方針からすれば筋の通った要求だったがトロツキーは激しく反発した。交渉を中止し、ペトログラードに戻った。

10日後、怒りを鎮めたトロツキーらは再び交渉のテーブルについた。ドイツは、この頃ロシアからの独立を望むウクライナとの交渉も並行して進めていた。1918年1月9日、同国との合意が成った。中央同盟国はウクライナ独立を認め国家承認する。その対価にウクライナは中央同盟国に数百万トンの小麦を供給する。これを聞かされたトロツキーは再び席を立ち一切の交渉を止めた（＊4）。

ペトログラードに帰ったトロツキーはボルシェビキ幹部と協議した。ドイツの要求を呑むか呑まないかの判断は、ドイツ革命への期待度によって異なった。レーニンは、いかなる要求であっても講和に持ち込むべきだとの考えを変えなかった。「われわれが講和してもドイツで起こるだろう革命の障害にはならない。われわれは労働者国家の見本となればよい。われわれの（外国の地での）プロパガンダや革命を支援する活動は必ず実を結ぶ」と主張した（＊5）。

1月21日から始まったボルシェビキ幹部の協議では、レーニンの主張に与するものは少なかった。反対派の急先鋒はニコライ・ブハーリンだった。彼も3月革命後にペトログラードに戻りボルシェビキの幹部となっていた。ブハーリンは、ドイツとの単独講和は革命を目指すドイツ労働者への裏切りであると訴えた。他にも、この問題をロシアだけの視点で見ずに世界革命実現の視点からとらえるべきだ、あるいは対独講和はドイツ帝国主義への敗北であるといった意見が相次ぎ、レーニンへの批判が相次いだ。

レーニンに与したのはジノヴィエフ、カーメネフ、スターリンといったメンバーだった。スターリンは、「ドイツでの革命はまだ起こりそうもない。『可能性』に国家の方針を賭けるのは危険である」と主張し、レーニンを擁護した。レーニンは、スターリンのロジックにはいささか不満があった。レーニンは、スターリンよりもドイツ革命への期待が高かった。そうであってもこの段階ではドイツとの講和がベターであるという立場だった。

結局合意はならなかった。決まったのは「トロツキーには、交渉を再開させるが、時間稼ぎせよ」という曖昧な指示だった。

ドイツが、トロツキーの交渉ぶりにしびれを切らし、再び東進を開始したのは2月18日のことである。戦う意志も装備にも欠けたロシア軍は100万の独墺軍の前に敗退を重ねた。再攻勢の始まった2月18日、ボルシェビキは中央執行委員会を開いた。午前中の会議ではやはりレーニンの主張は退けられた（7対6）。この議決でもトロツキーはレーニンに反対する側に回った。しかしこの日の夜、ミンスクが独軍に攻略されたとの報を受け再び会議となった。戦況の悪化がメンバーの空気を変えていた。この晩にようやくレーニンの主張が多数派となった。トロツキーも軟化せざるを得なかった（＊6）。

ドイツからの最後通牒的講和条件が届いたのは2月22日のことである。23日、ボルシェビキは中央執行委員会を開いた。軍事的に圧倒的優位に立ったドイツの要求は厳しかった。バルト三国の独立、バルカン半島の町（Marz, Batum, Ardagan）のトルコ返還、ウクライナ・フィンランドの独立容認、交渉の全権を直ちにブレスト・リトフスクに戻し、要求事項を48時間以内に実施せよというものであった。厳しい条件にボルシェビキ幹部は憤ったが、ここでもレーニンは即時講和の考えを変えなかった。もし受け入れられなかったらすべての役職から降りると強硬だった。この日の採決では講和賛成7、反対4、棄権4となった。スターリンは相変わらずレーニンに与したが、トロツキーは棄権に回った。

2月24日、ソビエト交渉団は再びブレスト・リトフスクに向かった。交渉は3月1日に再開しその2日後（3月3日）に講和がなった。ソビエト代表団にはドイツの要求を受け入れる以外の道はなかったが、調印前にいささかの抵抗を見せた。彼らは、「ドイツの脅迫の中で屈辱の条約に署名する」と声明した。

「ソビエトはいかなる自由もない環境にある。ドイツ労働者諸君はいまだドイツ帝国主義と戦う力がない。いまドイツの帝国主義と軍国主義が、国際労働者革命に勝利しようとしているが、その勝利は暫定的ではかないものになる」

「しばらくは、ソビエト政府は、ドイツ帝国主義の攻勢に抗することができない以上、本講和条件に調印する。あくまでもロシアの革命（の成果）を守るためである」（＊7）

＊1、2：Leon Trotsky, My Life, 1930, p285
https://www.marxists.org/archive/trotsky/1930/mylife/1930-lif.pdf
＊3、4：Ciprian Stoleru, The Strategy of the Russian Bolsheviks in the negotiations of Brest-Litovsk, July 2, 2020
https://europecentenary.eu/the-strategy-of-the-russian-bolsheviks-in-the-negotiations-of-brest-litovsk/
＊5、6、7：Tony Cliff, Lenin 3-Revolution Besieged, The Peace of Brest-Litovsk
https://www.marxists.org/archive/cliff/works/1978/lenin3/ch04.html
325頁　写真：Picture Alliance／アフロ

第七節　ブレスト・リトフスク条約調印

ドイツの軍事攻勢の中で背に腹はかえられない状況に追い込まれたソビエト政府だったとはいえ、ブレスト・リトフスク条約によって失ったものは莫大であった。左頁に条約後に成立した新地図を上げた。

中央に引かれた線（斜線）が、調印時での独軍の侵攻最前線である。北部戦線ではペトログラード近くにまで独軍が迫っていることがわかる。ウクライナの首都キエフも独軍に落ちている。条約の結果、ポーランド、バルト三国、ウクライナ、フィンランドなどが、「民族自決を柱とする『民主的講和』の提案」に沿って独立していった。トロツキーの講和の主張どおりになったのは皮肉であった。

ロシアから分離された地域は西部ロシアの先進地帯でありかつ穀倉地帯であった。それだけに人口も多かった。ロシアは126万7000平方マイル（328万平方㎞）の領土と6200万の人口を失った。これは国土の25％、人口の44％に相当した。喪失した領土はソビエトの3分の1の穀物を生産していた。およそ3割の国家財政収入がこの地域から

中央の斜線が調印時での独軍の侵攻最前線。太線で囲まれたエリアがブレスト・リトフスク条約によって失われた領土。

のものだった。他にも多くを失った。

品目	喪失%（＊1）
粗糖	80
鉄鋼	73
石炭	75
製造事業者数	9000社（ソビエト全体数は1万6000社）

当然に各地のソビエトから反発の声が上がったが、レーニンらの主流派が抑え込んだ。第4回ソビエト議会（3月15日）で、条約が批准された（賛成748、反対261、棄権115）（＊2）。

賛成多数となったのは、やはりドイツとの戦争継続は不可能であるとの判断が、対独強硬派（条約反対派）にもあったからである。この点については、あまりの厳しい条件に憤ったトロツキーと、当初からいかなる条件でも対独講和を成立させるべきだと主張していたレーニンの間に、意見の違いはなかった。そのことは1月21日のトロツキーのスピーチから容易に理解できる。

「われわれが対独戦争を続けられないのは明らかである。この点についてレーニンと私の間にいささかも意見の違いはない。私たち二人はブハーリンらが革命戦争継続を主張していることが理解できない。より重要な点は、ドイツがどこまでわれわれとの戦いを続けられるかの判断である。（中略）わが国での2月（3月）革命、10月（11月）革命の成果がドイツに影響を与えないはずがない。だからこそわれわれは交渉の引き延ばしを図ってきた。そうすればヨーロッパ各地の労働者が、わが国での革命の意味するところをしっかりと理解する時間ができるからである。（後略）」（＊3）

要するにレーニンもトロツキーも、ドイツ国内での革命の動きを期待していたのである。実際、トロツキーがこのスピーチを終え、交渉再開のためにブレスト・リトフスクに向かっていた1月28日、ドイツやオーストリア各地で労働者の「反乱」があった。ベルリンではソビエトも組織されていた。共産主義者は、両国の首都（ベルリン、ウィーン）だけでなく、ハンブルク、ブレーメン、ライプツィヒ、エッセン、ミュンヘンなどで労働者を組織し、和平を求める行動（革命運動）を開始していた。

したがってレーニンやトロツキーが、「屈辱の」ブレスト・リトフスク条約調印を決めたのは、彼らには、「ドイツで必ず革命が始まる」という強い自信があったからである。領土の回復を狙う（条約の破棄）のはその時が来てからでよいとの判断があった。

＊1、2、3：Lenin 3-Revolution Besieged, The Peace of Brest-Litovsk

終章　ウッドロー・ウィルソン外交の失敗と唯物史観の虚構

いよいよ本論考のまとめに入りたい。筆者は、前章までで、ロシア革命に至る事件の連鎖と、独露戦争のかたをつけた（和解が成った）ブレスト・リトフスク条約調印の過程まで書いた。

本章は、ここまでの記述を判断の与件（歴史解釈のためのインプット情報）として、ウッドロー・ウィルソン大統領がヨーロッパ大陸の揉め事に参戦しなかったらどのようなヨーロッパ世界がありえたかを考察したい。世の中には、「歴史にIFは禁物」などと語るものがいるが、筆者はこの言葉を肯じない。「IF」を「可能な限り史実に基づいて考察」しないのであれば、歴史学は価値なき学問となる。「歴史のIFを考える」ことこそが歴史学の醍醐味である。それがあればこそ、現在直面する難題の対処、あるいはより良い将来のための判断に、歴史の知恵が生きる。

第一節　英国実務官僚（ミルナー卿）の対独宥和構想　その1

ミルナー卿（アルフレッド・ミルナー）は、1854年、ドイツの町ギーセン（Giessen）

で生まれた。ドイツ中央部ヘッセン州の学問の町である。裕福な家庭ではなかったが学業に優れ、テュービンゲン大学（ドイツ）に学んだ後、英国に戻りオックスフォード大学を卒業した。オックスフォードの学費は奨学金でまかなった。同大学で生涯の友となるハーバート・アスキス（後の首相）と知り合った（＊1）。

77年に卒業するとポールモール・ガゼット紙の記者となり、副編集長にまで出世した。演説の才に欠けていたことを自覚していたらしく政治家の道を選ばなかった。独仏語に堪能であったことからジャーナリズムの世界を目指した。記者生活の中で、自由党の重鎮ローズベリー伯爵（アーチボルド・プリムローズ）に気に入られた。1885年、ミルナーは初めて伯爵の邸に招かれたが、それ以来、二人の関係は急速に親密になった。86年、伯爵のつてで、ジョージ・ゴッシェン（保守党）の私設秘書官となった（＊2）。ゴッシェンは87年から92年にかけて大蔵大臣を務めることになる大物政治家である。89年、当時英国の保護国であったエジプトの財務省次官に任命された。92年に帰国した。その後は内国税収入局長として、財政畑の実務官僚として活躍した。

97年、当時の植民地大臣ジョセフ・チェンバレンは彼の実務能力を買い、南ア総督（南ア高等弁務官兼ケープ植民地総督）に指名した。南アフリカはかつてはオランダの植民地であった。17世紀半ば、蘭東インド会社がアフリカ大陸南端喜望峰の北西部にある良港ケープタウンに、インド航路のための補給港として開発した。

19世紀初め、ヨーロッパはナポレオン戦争で混乱した。オランダ本国がナポレオンの支配下に入ると、英国はそれに乗じてケープタウンを占領し植民地化した（1806年）。英国は同地およびその周辺の英国化を進めたが、それを嫌うオランダ系の先住ヨーロッパ移民は、安住の地を求めて大移動を開始した（1836年から）。彼らは南ア内陸部に自治区を形成した。当初はそれを許さなかった英国だが、最終的には英国の植民地（ケープ植民地）の北にボーア人国家ができることを容認した。それがトランスヴァール共和国（1852年）でありオレンジ自由国（1854年）であった。

これによって南アの政情はいったんは安定したが、トランスヴァール、オレンジ両国周辺に巨大なダイヤモンド鉱脈（1870年代）と金鉱脈（1880年代）が発見されると、英国はこの二つの国の併合を決める。ボーア人たちは、このご都合主義的な英国外交に激しく抵抗した。その結果惹起したのがボーア戦争であった。ミルナーは収拾の難しい作業を任された。

ミルナーは、英国ビクトリア期を代表する「戦闘的帝国主義者」（＊3）だった。南アに赴任した2年後、小競り合いの続いていたトランスヴァール共和国との間に本格的な戦いが始まった（第二次ボーア戦争1899年10月）。国境周辺に集結する英国軍にトランスヴァール共和国は撤兵要求したが、英国（ミルナー）が応じなかったのである。

5万人程度の兵力しか持たないトランスヴァール共和国が大英帝国に屈服することは時間の問題と考えられた。本国から十分な兵力の派遣までには時間がかかったものの確かにそのように事態は進んだ。しかし、ボーア人は諦めず、ゲリラ戦に切り替えた。普段は農民としての生活をしながら、インフラ基盤である鉄道施設を襲うヒットアンドラン戦術だった。英国正規軍にとっては初めてのゲリラ戦であった。彼らの対抗策は、鉄道沿線にある農場の破壊（焼き払い）だった。

「われわれの部隊は、丘から丘、谷から谷を進み、牛や羊を盗み、納屋から作物を奪うと焼き払った。焼かれた家の前で女や子供が涙を流した」（＊4）

アルフレッド・ミルナー（1854～1925）

英国政府が、2万2000人の戦死者を出した戦いを止めると決めたのは1902年5月31日のことであった。この日、ボーア人国家を併合はするが彼らによる高度な自治を認めるとする条約（フェリーニヒング条約）を調印した。ボーア人は武器を捨て英国に忠誠を誓うことを約束する代わりに、学校でも役所でもオランダ語（Afrikaans）の使用が認められ、自治政府を作ることも許された。さらには破壊されたインフラストラクチャー再構築の費用300万ポンドを英国が負担すると決めた。

1905年3月ミルナーは総督職を離れた。ボーア戦争は激しい戦いであり、ゲリラ戦による互いの恨みは深かった。しかし前記したようにフェリーニヒング条約は、建設的な条約であった。恨みの気持ちを残させないことを意図していた。ボーア人による自治政府の再建を英国が支援する内容だった。そのこともあって、ボーア人の抵抗運動をリードし、激しい戦いを指導してきたヤン・スマッツ（後の南ア首相）でさえ、ミルナーの帰国にあたって惜別の手紙を書いた。

「貴殿（ミルナー卿）の帰国の旅が素晴らしいものになるよう願っています。もうこの地には戻らないのでしょうか。貴殿はわれわれボーア人のことを好いていないと思いますが、過去の（苦い）想いはもはや薄れ、お互いの考えも次第に明確になってきました（理解できるようになった）。それぞれがこれからの南アフリカのために何ができるかを考える時が来たのです。互いの考えを真摯に吟味し合う時です。小異を捨てて大きな目標に向かう。過去の過ちは忘れ互いに許し合う。（中略）現時点では誰も想像できないかもしれませんが、それぞれの主張が折り合う時が必ずやってくるはずです」（＊5）

1910年には南アフリカ連邦が成立し、第一次世界大戦では大英帝国の一員として対独戦争を戦った。ボーア戦争の悲惨さを考えた時に、このような歴史になることを想像できたものはいなかった。このことは、戦後処理に関わる講和条約がその後の安定に大きく関わってくることを示していた。恨みを残さない講和は安定を生み、恨みを残せば安定は生まれない。

その意味でボーア戦争の収拾は、リアリズムに徹した外交の良き見本であった。そのような条約を作り上げたミルナーが、第一次世界大戦の収拾に、「恨みを残さない講和の可能性」を模索したのは当然であった。彼は、「イギリスの利益が最低限保証された時点で、

（中略）和解をなるべく早期に達成するのが良い。そうすれば、無駄な戦闘による人的、物的資源の損失を食い止めることができるし、両者の反目感情も緩和でき、長い目で見た場合利益になる」（＊6）と考えていた。

＊1：　ミルナーの生い立ちは下記サイトによった。
https://www.sahistory.org.za/people/alfred-milner
＊2：Gerry Docherty & Jim Macgregor, *The Secret Origins of the First World War*, Mainstream, p26
＊3：藤井正博、第一次大戦後半期におけるミルナー卿の戦略と和平構想：統合的帝国主義と対ドイツ和解の論理、大阪大学待兼山論叢、1978年、33頁
＊4：Addresses in Answer to His Majesty's Most Gracious Speech: February 18, 1901
（ロイド＝ジョージ発言の中の描写）
＊5：Alfred Milner Biography
https://www.sahistory.org.za/people/alfred-milner
＊6：第一次大戦後半期におけるミルナー卿の戦略と和平構想、39頁

第二節　英国実務官僚（ミルナー卿）の対独宥和構想　その2

先に、英国を参戦に導いたチャーチルの悪行について書いた（第二章：チャーチルの謀略〈英国参戦〉と第一次世界大戦）。チャーチルの背後には対独強硬派の実務官僚がいた。ミルナーもその一人だった（＊1）。典型的なビクトリア期のエリート官僚であったミルナーがそのような態度をとることは容易に理解できるが、彼には前節で書いたように、ボーア戦争を、「恨みを残さないで」終結させた経験があった。それが彼にリアリストの眼を持たせていた。

彼は、この戦いが予想に反して長期化の様相を帯び始めた時期から「穏健な和平（講和）」の可能性を模索していた。「ヨーロッパの安定と平和を、現状維持・勢力均衡という『穏健な』政策によってできる限り早期に確保し」、「特に、中欧に位置し、勢力均衡の要であり、ヨーロッパの安定と平和維持のよきパートナーとなり得る可能性をもった強大なドイツ民族を徹底的に打倒することは、長い目で見た場合利益にならない」（＊2）と考えていた。

ミルナーは、ロシア革命の成り行きを注視していた。ここまでの記述でも明らかなように、ロシア革命（11月革命）の成功とドイツとの講和交渉の開始からブレスト・リトフスク条約調印までの情勢に彼はあせっていたに違いない。そんな中でミルナーは、「東方戦略」と「対独秘密宥和計画」を練った。東方戦略とは、英国帝国主義の系譜に属する考え方で、パレスチナからペルシャ（イラン）方面の覇権を何がなんでも確保すべきであるとする考えである。この構想の実現のためには南ロシア、ウクライナ方面にドイツの勢力が張り出してはならなかった。他方で、17年末から18年初めのドイツ軍の対露攻勢の勢いを考慮すれば、ドイツに対して何らかの見返りを与えなければ、南ロシア、ウクライナ方面へのドイツの影響力を減じることはできなかった。

そこでミルナーは、ドイツにはバルト三国への覇権を容認することで、和解ができないかと考えた。彼はすでにロシア（ソビエト）の領土的犠牲を容認していた。

「『ロシアを犠牲にしての和平』構想でミルナーが多分考えたことは、『東方』戦略を『戦闘的』に展開することによって『帝国の利益』が最低限確保される見通しのついたうえで、恐らくバルト諸地域をドイツに与え、その代償としてベルギーを放棄させ、ドイツとの

『穏健な』和解を行ない、中欧に勢力均衡の要として強国ドイツを残しつつ、（大英）帝国統合推進に不可欠なヨーロッパの長期的な安定と平和を確保することであった」（＊3）

ミルナーがこの考えを、国内や米国の関係者に漏らし反応を窺い始めたのは、17年11月から12月にかけてであった。ブレスト・リトフスクで独露の交渉が続いていた時期には、ミルナーの対独宥和構想が、政権内部で相当の理解を得られていたことはビアトリース・ウェブ（労働党幹部シドニー・ウェブの妻、女性参政権論者）の日記でわかる。

「（私たちの）会話から明らかなことは、首相とミルナーがロシアを犠牲にしての和平を考えているということである」（1918年3月1日付）（＊4）

ロイド＝ジョージ首相と実務官僚（ミルナー卿中心のグループ）の間で、ドイツとの講和やむ無しの合意形成が進んでいたことは驚くべきことであった。特に、英国は戦意高揚のために「ドイツ人は獣」キャンペーンを張り、英国民のドイツ（人）への憎しみを煽っていた。その典型がありもしなかったドイツ兵士によるベルギーでの「女子供虐殺・レイプ事件（レイプオブベルギー）」だった。ドイツ人への憎しみを煽りに煽ってきていただけに、講和やむ無しに英国首脳が傾き始めていたことは注目すべきことだった。協商国が中央同盟国に勝利することがもはや現実的にあり得ないことを、英国の指導者も覚悟していたのである。

しかし、英国内のコンセンサス形成はいささか時機を逸していた。ウェブが上記の内容を日記に記した日には、ブレスト・リトフスクでは独露の交渉が再開し、その2日後（3月3日）には講和が成立した。すでに書いたように、同条約では、バルト三国だけでなく南ロシア、ウクライナへのドイツの影響力の浸透を容認していた。

この条約の成立で、ミルナーの構想する、「東方戦略」と「対独秘密宥和計画」のバランスが崩れた。英国の国益を確保しながらの「英国主導の」対独講和への道を閉じた。筆者は、ミルナーがもう少し早い時点で、つまりドイツが改めて休戦の投げかけをした時期に、閣内をまとめ切れていれば、彼の構想した「ドイツを中欧の安定と平和の要にした講和」の実現可能性があったと考えるのである。

＊1：Douglas Newton, *The Darkest Days*, Verso,2014, p126

＊2：第一次大戦後半期におけるミルナー卿の戦略と和平構想、40頁
＊3：同右、45頁
＊4：同右、43頁

第三節　ウィルソン14か条提案の空虚

前節で書いたようにブレスト・リトフスク条約の成立で、英国が主体のパワーポリティクスをベースにした対独講和（ミルナー構想）は不可能になった。その代わりとなるのが、1918年1月8日、ウッドロー・ウィルソンが提唱した「14か条」演説であった。以下にその内容を示した（American Center Japan による読みにくい翻訳文であるがそのまま掲載した）。（＊1）

第1条　開かれた形で到達した開かれた平和の盟約。その締結後は、いかなる種類の秘密の国際的合意もあってはならず、外交は常に率直に国民の目の届くところで進められる

ものとする。

第2条　平時も戦時も同様だが、領海外の海洋上の航行の絶対的な自由。ただし、国際的盟約の執行のための国際行動を理由として、海洋が全面的または部分的に閉鎖される場合は例外とする。

第3条　和平に同意し、その維持に参加するすべての諸国間における、すべての経済障壁の可能な限りの除去と貿易条件の平等性の確立。

第4条　国家の軍備を、国内の安全を保障するに足る最低限の段階まで縮小することで、適切な保証を相互に交換。

第5条　植民地に関するすべての請求の、自由で柔軟、かつ絶対的に公平な調整。その際には、主権に関するそうしたすべての問題の決着に当たっては、当事者である住民の利害が、法的権利の決定を待つ政府の正当な請求と同等の重みを持たされなければならない、という原則に基づくものとする。

第6条　すべてのロシア領土からの撤退と、ロシアに影響を及ぼすあらゆる問題の解決。それは、ロシアに対して自らの政治的発展と国家政策を独自に決めるための、制約と障害のない機会を得させるために、世界各国の最良かつ最も自由な協力を確保し、またロシアが自ら選んだ制度の下で、自由な諸国の社会に真摯に迎えられることを保証するだろう。また歓迎にとどまらず、ロシアが必要とし希望するあらゆる援助の提供も保証するだろう。今後何カ月かの間に、ロシアに対して姉妹諸国が支える待遇は、それら諸国の善意と、彼ら自身の利益と切り離してロシアが必要としているものへの理解と、彼らの知的で、しかも利己主義を排した同情心の試金石となるだろう。

第7条　ベルギーが他の自由諸国と同様に享受している主権を制限しようとする試みがあってはならない。ベルギーから撤退し、同国を復興させなければならない。このことについては、全世界が同意してくれるはずである。各国が相互の関係を管理するために自ら設定し決定した法律に対する信頼を回復する上で、これほど貢献する措置はないだろう。この治癒的行為がなければ、国際法全体の構造と正当性は永久に損なわれる。

第8条　フランスの全領土が解放され、侵略された部分は回復されるべきである。また、1871年にアルザス・ロレーヌ地方に関してプロシアがフランスに対して行った不法行為は、50年近くも世界の平和を乱してきたのである。全員の利益のためにもう一度平和が確保されるために、この不正行為は正されるべきである。

第9条　イタリア国境の再調整は、明確に認識できる民族の境界線に沿って行われるべきである。

第10条 われわれは、オーストリア・ハンガリー国民の諸国間における地位が保護され確保されることを望む。彼らには、自治的発展の最も自由な機会が与えられるべきである。

第11条 ルーマニア、セルビア、モンテネグロからの撤退が行われるべきである。占領された領土が回復され、セルビアは海への自由かつ安全な交通路を与えられ、いくつかのバルカン諸国間の相互の関係が、忠誠心と民族性という歴史的に確立された方針に沿って、友好的な協議により決定され、またいくつかのバルカン諸国の政治的、経済的な独立と領土保全に関する国際的な保証が結ばれるべきである。

第12条 現在のオスマン帝国のトルコ人居住区域は確実な主権を保証されるべきだが、いまトルコ人の支配下にある他の諸民族は、確実な生命の安全と自立的発展のための絶対的に邪魔されることのない機会を保証されるべきである。そしてダーダネルス海峡は、国際的保証の下で、すべての諸国の船舶と通商に自由な通路として恒久的に開かれるべきである。

第13条 独立したポーランド国家が樹立されるべきである。そこには議論の余地なくポーランド人である人々の居住する領土が含まれ、彼らは海への自由で安全な交通路を保証され、政治的、経済的な独立と領土保全が国際的盟約によって保証されるべきである。
第14条　大国にも小国にも等しく、政治的独立と領土保全の相互保証を与えることを目的とする具体的な盟約の下に、諸国の全般的な連携が結成されなければならない。

ここに示した内容を詳細に読み込めば、ウィルソン提案の空虚さと、ヨーロッパ政治の実態からの著しい乖離《かいり》がわかる。本論考で詳細に書き込んだロシア革命の経緯を理解した読者であれば容易にそれに気づくはずである。特に第6条は本論考の根幹に関わるものである。ドイツが投げかけた講和提案に応じようとしなかった英仏の態度、協商国側への武器供給を続け最終的に戦争当事者となったウィルソンの外交の複合がドイツ外交を手詰まりにさせた。東部戦線での戦いをなんとしてでも収束させ、米国外征軍の本格参戦前に戦いのけりをつけなくてはならないとドイツに考えさせてしまった。

ドイツは革命商人パルヴスの誘いに乗り、スイスからレーニンを封印列車で帰国させた。それはその焦燥感がなさせたわざであった。少数派であったボルシェビキが多数派に成長し、権力を握れたのは、レーニンの帰国に合わせて始まったドイツから提供された巨額な資金援助があったからだった。ドイツの行為は「歴史の高み」に立ってみれば「20世紀最大の愚行」であった。しかし、ドイツは、ボルシェビズム（共産主義）の危険性を理解していたものの、背に腹は代えられなかったのである。

ところが、ウィルソンの示した対ロシア政策（第6条）は、「ロシアが自ら選んだ制度の下で、自由な諸国の社会に真摯に迎えられることを保証するだろう。また歓迎にとどまらず、ロシアが必要とし希望するあらゆる援助の提供も保証するだろう」としている。この時、すでにボルシェビキ革命（11月革命）は成就していた。そうでありながら、ロシア国民が自ら選んだ政体であれば支援を惜しまないと、耳当たりのよい言葉を発している。ここに至っても「共産主義は民主主義の亜種」と認識していたことがわかる。ウィルソンの共産主義への認識は甘い。「共産主義体制がロマノフ王朝専制体制よりもベターである」と認識していたからである（ウィルソンの共産主義への無理解は、彼を信奉する後のフランクリン・ルーズベルト大統領に引き継がれることになる）。

その後米国は、英仏両国の強烈な圧力によってボルシェビズムと対抗するためにシベリア出兵を決めた。しかし、米国は、ボルシェビズム以上に、出兵を求められた日本がシベリア侵出するのではと怖れる見当違いの外交を見せた。ここにもアメリカの共産主義への甘さが見える。

第13条も問題であった。そこには、「独立したポーランド国家が樹立されるべきである。そこには議論の余地なくポーランド人である人々の居住する領土が含まれ、彼らは海への自由で安全な交通路を保証され、政治的、経済的な独立と領土保全が国際的盟約によって保証されるべきである」とある。これは国内のポーランド系移民の票を意識したものだった。ウィルソン大統領が、ここまでポーランドに甘い条件を提示したのは、世界的に有名なポーランド人ピアニスト、イグナツィ・パデレフスキの工作があった（＊2）。彼はホワイトハウスでコンサートを開き、ポーランド独立支援を訴えていた（16年2月22日）。第13条が、ポーランドに異例とも言える「海への自由」を約束したのはそのせいである。

1919年初めからパリ講和会議が始まるが、その結果生まれたベルサイユ条約では、ポーランドに港湾都市ダンツィヒとそこに至る土地（ポーランド回廊）をポーランド領として与えた。ダンツィヒは正確には国際連盟管理下の自由都市という名目だったが、実質ポーランドの管理下に入った。同市の住民の90％以上がドイツ系であった。ポーランド回廊には300万ものドイツ人がいた。ドイツへの激しい不正義は、この第13条さえなければまだ緩いものになっていた。

第二次世界大戦は、ナチス政権がポーランドに対して、この領土の回復を求めたことが直接の原因となって勃発した。それを考えれば、第二次世界大戦の種は、第13条にあったとも言える。

ブレスト・リトフスク条約以降に起きた事件の連鎖については本稿の対象ではないから、割愛するが、米国外征軍の到着で勝利を確信することになる協商国はドイツとの講和を探る必要はなくなった。ヨーロッパの戦争当事国だけで落としどころを探る機会はこうして失われた。

東部戦線を収束させたドイツ陸軍だったが、米国欧州派遣軍AEFが18年夏から本格参戦してしまったことで、西部戦線の戦いも協商国が優勢になった。敗北を覚悟したドイツは18年11月11日に休戦に応じた。その後の経緯そして、その結果出来上がったベルサイユ条約の不正義については、拙著『戦争を始めるのは誰か』（文春新書）に書いた。

英国が大陸の戦いへの干渉をしていなかったら、早い段階で講和（休戦）がなっていたら、米国が参戦を決めなかったら、ドイツが革命商人パルヴスの誘いに乗らなかったら、レーニンの帰国が不首尾に終わっていたら、あるいはトロツキーがカナダの監獄から解放されなかったら、そしてメンシェビキ（ケレンスキー政権）が、早い段階で対独戦争を停止しボルシェビキ勢力の一掃を図っていたら。筆者には次々と歴史のＩＦが浮かんでくる。

こうしたＩＦの一つでも違う方向に進んでいたらソビエトロシアは成立する可能性は限りなく低かった。

マルクス主義史観（唯物史観）では歴史の最終的な発展段階を、共産主義社会と説く。その説が正しいのであれば、こうしたＩＦがなくとも歴史の必然として、人類は共産主義社会に向けて「進歩」していくはずである。しかし、ここに挙げたＩＦのたった一つでも違った方向に進んでいれば、ボルシェビキ革命は起こらなかったに違いない。共産主義革命は偶然の連鎖として成立したとは書けるだろうが、歴史の必然として現れたとするには無理がある。ここに唯物史観の嘘があるのである。

最後に、ウッドロー・ウィルソン外交を厳しく断罪する歴史家ジム・パウエル（ケイトー研究所）の言葉を紹介し本論考を締めくくりたい。

「第一次大戦における米国の参戦は、多くの悲劇を生んだがその一つが１９１７年11月のボルシェビキ革命である。ロシアは１９１４年にニコライ二世が戦いを始めて以来、多くの犠牲者を出しており、財政も行き詰まっていた。インフレもひどく食料不足も起きていた。その結果、政府や軍の権威が失墜していた。（中略）そうでありながら英仏両国はロシアに戦いを続けさせた」

「ウィルソンは、駐ロシア大使のデイヴィッド・フランシスを通じて、革命後に成立した臨時政府に、3億2500万ドルの信用供与をオファーした。これは現在価値で39億ドルにも相当する。ただしこれはひも付き融資でありロシアの戦争継続が条件であった。当時の臨時政府は財政的に破綻していた。『戦いを止めれば信用供与なし』の脅しの中で、彼らは戦いの継続を決めたのである」

「ロシア国民はこうした困難の中でもボルシェビキを支持しなかった。憲法制定のための暫定議会選挙で、ボルシェビキが4分の1以上の支持を受けたことは一度もない。17年の夏にはレーニンの勢力は三度権力奪取を試みたがいずれも失敗した。この年の秋にロシア陸軍が総崩れとなった。その時になってようやく彼らは権力に手が届いたのである」

「アメリカがあの戦いに参戦していなければどうなっていたか。ロシアはもっと早い段階で戦いを止めていた。そうすればロシア陸軍はその力を温存することができた。暫定政府をボルシェビキのクーデターから守ることができた。（中略）ウィルソンの間違った外交によってソビエトに共産主義が生まれた。そしてその体制が70年の長きにわたってロシアを支配することになった」（＊3）

チャーチルとウィルソンは外交を誤った。その後に続いた事件の連鎖がソビエトロシア（共産主義国家）を生んだ。唯物史観は、偶然の総合である歴史を「後付けで理論武装した虚構の物語」なのである。

＊1：14カ条の平和原則（翻訳はAmerican Center Japanによる）
https://americancenterjapan.com/aboutusa/translations/2386/
＊2：パデレフスキの工作については拙著『戦争を始めるのは誰か』（文春新書）第一章：第一次世界大戦の真実　第二節　小国の強欲　その一　ポーランド　に詳述した。
＊3：Jim Powell, Woodlow Wilson's Great Mistake, Policy Report, May/June 2014

おわりに

本書の読者は筆者と同年代かその上の世代が多いのではなかろうか。筆者の大学時代は、過激だった大学闘争にもかげりが見え、小さなセクトに分裂したグループが激しい内部抗争を繰り広げていた。

大学構内では、角棒を持ったヘルメット姿の学生が敵対するセクトの学生を追いまわしていた。血痕の残る現場をよく見かけた。活動家がたむろしていた学生寮からは、安酒を片手に政治談議を交わす学生の声が夜な夜な聞こえてきた。「レーニン」、「トロツキー」、「世界革命」、「一国革命」、「スターリニスト」、「日和見主義者」、「ブルジョワ革命」――政治に興味のなかった、ようするにノンポリ学生だった筆者の耳には外国語のように響いた。

筆者が日米近現代史の研究を始めたのが50代の半ばで、当初は日米外交史に焦点をあてた研究だった。日米関係は、ヨーロッパ諸国と米国との外交の延長線上にあることに気づくのにそれほど時間はかからなかった。日米外交を理解するためにはヨーロッパの動きをまず理解するという遠回りが必要だった。

先の日米戦争は第二次世界大戦の局地戦であった。第二次世界大戦は、第一次世界大戦が生んだドミノ現象の帰結であった。

ベルサイユ条約のドイツに対するとてつもない不正義がドイツ国民の激しい恨みを生んだのである。ドイツ国民はその恨みの解消をヒトラーに託したのだ。

ナチスドイツは、ラインラント進駐（1936年3月）、オーストリア併合（1938年3月）、ズデーテンラント併合（1938年9月）、チェコスロバキア解体（1939年3月）と「侵攻」を続けた。

ドイツ国民の最後の願いは、ダンツィヒ（グダニスク）およびポーランド回廊に残されたドイツ系住民への待遇改善であった。より正確に言えば、ドイツ系住民への迫害の中止要求であった。ポーランド政府がそれを頑なに拒否したことでヒトラーはポーランド侵攻（1939年9月）に踏み切った。それが第二次世界大戦に拡大するのである。

しかし、よく考えればドイツが侵攻した地域はすべて旧ドイツ領か旧オーストリア(オーストリア・ハンガリー帝国)領であった。第一次大戦期、両国は友邦であった。つまり、ヒトラーは、ベルサイユ条約の「不正義」によってドイツ・オーストリア両国が失った領土の回復を求めていたに過ぎなかった(現代の正統派と言われる歴史書はこのような視点を提示しない)。

そうなると、両国の領土割譲を強制したベルサイユ条約の内容、そしてこの条約を決めたパリ講和会議についての吟味が必要となる。その作業の出発点となるのが第一次世界大戦の原因の正確な理解なのである。

これについての研究の成果は『戦争を始めるのは誰か』(文春新書)に纏めた。ここで明らかにしたのは、第二次世界大戦はフランクリン・ルーズベルト大統領とウィンストン・チャーチル首相のあまりに拙い外交の結果であった。新書の帯に、「チャーチルとルーズベルトがいなければ第二次世界大戦は起こらなかった」と書いたのはそれが理由だった。

二人は、必死に外交的解決を求めるドイツ(ヒトラー政権)の声を全く聞こうとしなかった。ポーランドに対して、一切の妥協をするなと「指導・脅迫」したのは、米英両国であった。当時のやり方を米英両国がウクライナ戦争においても繰り返している。歴史は繰り返す。

ヒトラー政権が旧領土回復を求め続けたのは、ドイツ国民が第一次世界大戦惹起の罪が、ドイツそしてオーストリアだけにあるとしたベルサイユ条約第231条（戦争責任条項）への反発があったからである。戦争の原因を片方だけに求めることがいかに不自然であるかは、常識でわかる。

となると、いかにして第一次世界大戦が起きたかについてあらためて検討しなくてはならない。その研究で、第一次世界大戦では、当時海軍大臣だったチャーチルの謀略ともいえる暗躍があったことが明らかになった。

要するに、大陸の紛争には非介入の立場が優勢であったアスキス内閣の閣論を枉《ま》げ、対独宣戦布告させたのがチャーチルだったのである。チャーチルの「悪行」の研究は『英国の闇チャーチル』（ビジネス社）に纏めた。

英国が参戦したからこそヨーロッパの局地戦争で収束する可能性が高かった紛争が世界戦争になったのである。英国が参戦しなければオーストラリア、ニュージーランドの参戦もなかったし、日英同盟を理由にした日本の参戦もなかった。いかに英国の責任が重いかわかる。

一般の歴史書には書かれないが、ドイツ皇帝ヴィルヘルム二世は懸命にロシアとの戦いを避けようとしていた。それに失敗し戦いが始まって以降も繰り返し休戦を求めるシグナルを英国（そしてフランス）に送り続けた。全く応えようとしない英国の態度に痺れを切らしたドイツは、スイスに亡命していたレーニンを利用した。

ロシアでは、1917年3月（ロシア歴2月）には、ニコライ二世を退位させる革命が起きていた。政権を奪取した勢力は臨時政権を樹立したが、対独戦争継続を決めていた。臨時政府は、米国（ウッドロー・ウィルソン大統領）からの金銭支援を受けていたが、対独戦争継続を条件とするひも付き援助だったからである。

対独戦争は即時中止すべきだとレーニンが訴えていたことをドイツは知っていた。だからこそ、スイスからドイツ国内を通過させ北欧経由でレーニンを帰国させる便宜を図ったのである。巨額の資金をレーニン支援グループに供与し、戦争を止めようとしない臨時政府（ケレンスキー政権）の転覆を目論んだ。

レーニンは、真の労働者革命が必要であり、3月革命はブルジョワ革命に過ぎないと主張していた。ケレンスキー内閣は、ブルジョワ内閣であり、労働者階級はこの内閣を崩壊させなくてはならない、対独戦争を即時中止し、真の労働者革命を完成すべきだと訴えたのである。

ドイツの狙いは成功した。レーニンに率いられたボルシェビキ革命によってケレンスキー内閣は崩壊し、戦争継続内閣を潰すことができたのである。そしてドイツは新政権との間で、ブレヒト・リトフスク条約を締結し対ロシア戦争（東部戦線）に終止符をうつことができた。レーニンの成功させた労働者革命（11月革命）は、英国外交そしてそれを支援した米国外交との関連の中で理解しなくてはならない。

そうすれば、共産主義思想家の、「人間社会の最高段階として共産主義社会が初めてロシアで生まれた」などという主張が、彼らの脳内だけの創作物であることはすぐにわかる。本書で描いたロシア11月革命に至る事件の連鎖を読み解けば、レーニンの革命は、英米とりわけ英国の外交の失敗が生んだ偶然のドミノ現象の帰結に過ぎなかったことがわかるのである。

本書のテーマはこの偶然のドミノ（事件の連鎖）を記述することであった。

筆者は本書脱稿時に冒頭に書いた学生時代に見た事件を思い出した。大学教授の多くが、狂った学生たちに研究室を襲われ研究成果を台無しにされた。当時の学生たちは荒れたキャンパスでまともな授業を受けることもできなかった。

ロシア革命（11月革命）が、共産主義者が主張するような歴史の必然として現れたのではなく、愚かな英米外交に起因する偶然のドミノに過ぎなかった事実を知ることは、あの頃に青春を過ごした年代の読者にはいささか酷かもしれなかったことをお詫びしたい。

本書は、月刊WiLLに連載された「再考一九一七：ロシア革命」を単行本化したものである。出版を決めてくれた徳間書店学芸編集部および編集を担当していただいた浅川亭さん、校閲をしていただいた麦秋アートセンターさんにはこの場を借りて感謝したい。

渡辺惣樹

二〇二三年盛夏

初出　月刊ＷｉＬＬ（ウイル）２０２０年11月号〜２０２２年12月号／集中連載「再考一九一七：ロシア革命」

渡辺惣樹（わたなべ　そうき）

日米近現代史研究家。北米在住。1954年静岡県下田市出身。1977年東京大学経済学部卒業。著書に『日本開国』『日米衝突の根源 1858-1908』『日米衝突の萌芽 1898-1918』（以上、草思社）、『アメリカ民主党の欺瞞 2020-2024』（PHP研究所）、『英国の闇チャーチル』『公文書が明かすアメリカの巨悪』『戦後支配の正体 1945-2020（宮崎正弘氏との共著）』『教科書に書けないグローバリストの近現代史（茂木誠氏との共著）』『世界史を狂わせた女たち』（以上、ビジネス社）、『「正義の戦争」は嘘だらけ！ーネオコン対プーチンー（福井義高氏との共著）』（ワック）、『謀略と捏造の二〇〇年戦争　釈明史観からは見えないウクライナ戦争と米国衰退の根源（馬渕睦夫氏との共著）』（徳間書店）など多数。訳書にハーバート・フーバー『裏切られた自由（上・下）』、スティーブン・キンザー『ダレス兄弟』、チャールズ・カラン・タンシル『裏口からの参戦（上・下）』（以上、草思社）など。2023年3月より、「そうきチャンネル（YouTube）」を開設。日々情報発信を続けている。

YouTube『そうきチャンネル』
https://www.youtube.com/@watanabesouki

装丁／赤谷直宣（禅コーポレーション）
DTP ／キャップス
校閲／麦秋アートセンター
編集担当／浅川亨

虚像のロシア革命
後付け理論で繕った唯物史観の正体

第1刷　2023年8月31日

著　者　　渡辺惣樹

発行者　　小宮英行
発行所　　株式会社徳間書店
〒141- 8202　東京都品川区上大崎3-1-1 目黒セントラルスクエア
電話　編集 03-5403-4344 ／販売 049-293-5521
振替　00140-0-44392
印刷・製本　大日本印刷株式会社

ISBN978-4-19-865671-3